les 36 Justes

Jill GREGORY et Karen TINTORI

Les 36 Justes

Traduit de l'anglais (États-Unis)
par Joëlle Touati

Michel LAFON

Titre original :
The Book of Names

© Jill Gregory et Karen Tintori, 2007.
© Éditions Michel Lafon, 2007, pour la traduction française.
7-13, boulevard Paul-Émile-Victor - Île de la Jatte
92521 Neuilly-sur-Seine Cedex

Prologue
7 janvier 1986

Saqqarah, Égypte

Dans la pénombre de la grotte, deux hommes creusent le sable, une faible lanterne posée près de leurs sacs. Pendant trois mille ans, Saqqarah, la cité des Morts, fut la nécropole des rois et des nobles égyptiens. Ce labyrinthe de galeries et de catacombes, creusé à vingt-cinq kilomètres du Caire, recèle des trésors. Ni les archéologues, ni les pilleurs de tombes ne sont près de mettre au jour tous ses secrets.

Sir Rodney Davis, que la reine a adoubé chevalier après sa découverte du temple d'Akhenaton et de ses richesses inouïes, est en proie à une sensation d'euphorie familière. Le *Livre des noms* est là, tout près, il en a la certitude. Il sent presque le papyrus sous ses doigts.

Trouvera-t-il le livre entier ? Un fragment ? Cela, il

l'ignore. Il sait seulement qu'il est là. Il ne peut qu'être là.

Sir Rodney avait éprouvé une exaltation analogue lors des fouilles de Ketef Hinnom en Israël, la nuit où il avait déterré le sceptre d'or de Salomon. Couronné par une grenade pas plus grande que le pouce, sculptée dans l'ivoire et couverte de minuscules inscriptions hébraïques, ce sceptre était le premier objet intact permettant d'établir un lien entre le roi biblique et les fortifications récemment authentifiées dans la région. Le *Livre des noms* constituerait néanmoins une découverte bien plus retentissante. Il ferait entrer sir Rodney dans l'Histoire.

L'archéologue a foi en son intuition. Telle une baguette divinatoire, elle l'a déjà conduit à des vestiges d'une valeur inestimable. Ce soir, tandis qu'il remue la terre qu'ont foulée les pharaons, sir Rodney brûle d'exhumer un témoignage palpable de ce passé où l'on croyait aux anges et aux chars célestes.

À ses côtés, Raoul jette sa pelle et boit avidement à son bidon d'eau.

— Repose-toi, Raoul. Tu as commencé une heure avant moi.

— Accordez-vous une pause, vous aussi, monsieur. Ce qui a attendu pendant des millénaires peut bien patienter trois ou quatre heures de plus.

Sir Rodney se redresse et dévisage son fidèle assistant. Quel âge avait Raoul Ledoux quand il l'a engagé, douze ans auparavant ? Seize ans ? Dix-sept ? Jamais il n'avait rencontré un garçon aussi vaillant. Un jeune homme grave et réservé, au teint mat des Méditerranéens et aux yeux vairons – l'un bleu saphir, l'autre aussi sombre que des grains de café.

– J'ai passé la moitié de ma vie à attendre ce jour, mon ami, réplique sir Rodney en se remettant à l'ouvrage.

Raoul rebouche la gourde et reprend sa pelle.

Pendant plus d'une heure, les deux hommes travaillent sans relâche. Leurs souffles bruyants et le raclement de leurs outils résonnent dans le silence de la galerie. Soudain, un tintement métallique. Sir Rodney tombe à genoux et, toute fatigue oubliée, écarte frénétiquement le sable de ses longs doigts calleux. Raoul s'agenouille près de lui, saisi par la même impatience.

– La lanterne, Raoul ! réclame sir Rodney.

Par à-coups, il parvient à dégager la jarre encastrée dans le sol. Raoul abaisse la lanterne, révélant un rouleau de papyrus enserrés dans le vase.

– Seigneur... murmure l'archéologue en libérant les papyrus d'une main tremblante.

Le cœur battant, il se penche sur les feuilles jaunies, recouvertes de lettres hébraïques. La découverte de sa vie. Là, sous ses doigts.

– Raoul, halète-t-il, ce manuscrit va changer le monde.

– C'est certain, monsieur.

Raoul Ledoux recule d'un pas et enfonce une main dans sa poche, dont il extrait un rouleau de corde. D'un geste assuré, il passe la boucle autour du cou de sir Rodney. L'archéologue n'a même pas le temps de crier.

Le vieux avait raison, comme d'habitude, songe Raoul

en repoussant du pied son corps et en ramassant les papyrus. *Cette découverte va changer le monde.*

Tout à sa jubilation, il ne remarque pas la pierre d'ambre nichée au fond du vase qu'il abandonne derrière lui.

Hôpital d'Hartford, Connecticut

Affalée sur le vieux canapé de la salle de repos, Harriet Gardner s'apprête à prendre son premier repas depuis douze heures lorsqu'un message s'affiche sur son bipeur : on la réclame aux urgences.

Tout en croquant une pomme, elle se précipite dans le couloir. *Un cas grave,* songe-t-elle, *sinon Ramirez se serait débrouillé tout seul.* Avant de franchir les portes blanches, elle jette son fruit dans une poubelle. Un accident de la route ? Un incendie ? Trois équipes d'urgentistes s'affairent autour de trois adolescents étendus sur des brancards ; l'un d'eux hurle de douleur.

Son confrère chirurgien, le Dr Ramirez, insère un endoscope dans la gorge d'une jeune fille.

— Montez-le au scanner, Ozzie, lance-t-il à l'infirmier qui pousse vers l'ascenseur une civière sur laquelle gît un garçon couvert de sang.

L'une de ses jambes est complètement disloquée. Une large entaille barre son œil droit et du sang s'écoule de ses deux oreilles.

— Que leur est-il arrivé ? demande Harriet à Teresa,

l'interne de service, en s'approchant du troisième brancard.

— Ils sont tombés d'un toit. Trois étages.

— Il faut de l'oxygène, ordonne Harriet, et la radio ambulatoire.

Elle a beau travailler en réanimation depuis trois ans, son estomac se noue chaque fois qu'elle doit s'occuper de gamins. Un coup d'œil au moniteur. Pouls à 130, tension à 8/6. Le garçon est dans un état critique.

— C'est le fils du sénateur Shepherd, signale une infirmière en fixant une bouteille d'oxygène à la tête du brancard. Et celui qu'Ozzie a monté au scan est le fils de l'ambassadeur de Suisse.

— Vous connaissez son prénom ?

L'infirmière consulte la fiche accrochée au brancard.

— David.

Harriet fronce les sourcils en palpant le jeune garçon dont le pull a été découpé. Son torse ensanglanté présente plusieurs blessures profondes.

— Enfoncement thoracique, fracture de la clavicule, poumon perforé... diagnostique-t-elle rapidement.

D'une main experte, Doshi introduit un tube en plastique dans la trachée du patient.

— Les autres sont très amochés, dit-elle, mais celui-là est inconscient depuis qu'on l'a trouvé.

Harriet se tourne vers le scope. La tension chute à vue d'œil.

Merde.

Soudain, la douleur disparut, et David regarda son corps allongé sur le brancard. Que de sang... Cinq... Six... Sept... Tant de personnes rassemblées autour de lui ? Et quelle agitation... Pourvu qu'ils le laissent tranquille... Il avait tellement sommeil. Puis il vit Chris avancer vers lui. Ses pieds ne touchaient pas le sol.

Au moment où David entendit qu'on l'appelait par son prénom, Chris désigna une flaque de lumière.

– Pas croyable, hein ?

Chris se dirigeait vers la lumière et David lui emboîta le pas. Une clarté aveuglante les enveloppa alors qu'ils progressaient dans un long tunnel, au bout duquel brillait une lueur blanche. Ils accélérèrent l'allure.

David se sentait bien. Serein, empli de joie.

Au fond du tunnel, dans le halo iridescent, il distinguait du mouvement. Un murmure pulsait dans le silence lumineux. Chris s'arrêta, semblant flotter dans l'atmosphère, mais David continua d'avancer, comme attiré par une force magnétique. Le murmure devint grondement. Devant lui, il entrevoyait des visages, flous, implorants. Des centaines de visages. Des milliers.

Qui sont-ils ?

Un hurlement lui déchira les tympans. Il lui fallut un certain laps de temps pour reconnaître sa propre voix.

Trois heures plus tard, Harriet Gardner achevait de remplir ses dossiers. *Dure journée !* Une femme de trente-cinq ans victime d'un infarctus foudroyant, un gosse de cinq ans qui s'était planté une fourchette dans le front. Et ces trois ados imprudents qui s'étaient aventurés sur un toit couvert de neige ; la fille s'en tirait avec un bras cassé et une lésion du larynx, un de ses copains avait frôlé la mort, et l'autre était dans le coma.

Vingt ans plus tard

Chapitre 1

Athènes, Grèce

En fredonnant, Raoul Ledoux ouvrit le coffre de sa Jaguar de location et en retira le fusil dissimulé sous un plaid de laine. Son estomac gargouillait. Il consulta sa montre. Si tout se déroulait comme prévu, il aurait le temps de faire une halte à la taverne qu'il avait repérée à une quinzaine de kilomètres. Pour l'instant, il était en avance. Les deux gardes n'avaient pas posé de problème, leur compte avait vite été réglé : il les avait abattus et jetés au bas de la colline rocailleuse. Il lui restait cinq heures avant de rendre la voiture et de s'envoler pour Londres, où lui serait confiée une nouvelle mission. Oui, il aurait largement le temps de déguster un jarret d'agneau braisé, arrosé d'un ou deux verres d'ouzo.

D'un pas décidé, il traversa la plantation d'oliviers. Malgré ses lunettes noires, il était ébloui par le soleil qui déclinait vers l'horizon, et se sentait vaguement mal à l'aise. Il faisait encore chaud. L'odeur des oliviers lui piquait la gorge et lui rappelait la ferme de son grand-père, en Tunisie, où il avait trimé dès l'âge de six ans, à émonder les branches et à les replanter pour qu'elles donnent de nouveaux arbres. Dix heures quotidiennes d'un labeur monotone, sous le soleil impitoyable, avec la gorge sèche et irritée. En échange de quoi ? D'un quignon de pain et d'un morceau de fromage. Accompagnés bien souvent de quelques coups d'une badine arrachée aux branches qu'il avait lui-même coupées.

Son grand-père avait été sa première victime. Le jour de son quinzième anniversaire, Raoul l'avait frappé à mort.

Vraisemblablement, on fêtait un autre anniversaire aujourd'hui, songea-t-il en regardant les ballons roses accrochés aux chaises longues et les cadeaux empilés sur la table.

Dora Panagopoulos avait passé l'après-midi dans la cuisine. Non que le chef de son frère fût incapable de confectionner un gâteau d'anniversaire pour ses petits-enfants, mais elle préférait s'en charger elle-même : Alerissa, la dernière de ses petites-filles, avait neuf ans aujourd'hui. Dans moins d'une heure, la fillette et ses grands frères, Estevao, Nilo et Takis, se réuniraient autour de la piscine avec leurs parents, leurs cousins, leurs oncles et leurs tantes.

Dora lécha le sucre et la cannelle qui couvraient son pouce, et sortit sur la terrasse vérifier la disposition des ballons et des cadeaux. Satisfaite, elle contempla un instant la piscine bleu turquoise, où les enfants s'éclabousseraient bientôt.

Des coups de feu résonnèrent dans les palmiers.

Des balles sifflèrent.

La piscine turquoise vira au rouge sang.

La Jaguar s'engagea sur la route. Raoul Ledoux alluma la radio et tomba sur la fin d'un bulletin d'informations. Des terroristes avaient actionné une bombe dans le terminal international de l'aéroport de Melbourne. On évoquait des milliers de morts.

Un sourire étira ses lèvres. Il était doué. Il était même le meilleur : sur les trente-six Justes cachés, Dora Panagopoulos était la quatorzième à périr de sa main. Personne n'en avait tué autant que lui. Une fois les trois derniers éliminés, songea Raoul avec orgueil, la Création serait anéantie.

Déjà, le monde basculait sur son axe. Les guerres, les tremblements de terre, la famine, la maladie... Les catastrophes, naturelles ou engendrées par l'homme, s'abattaient une à une sur le globe avec une violence sans précédent.

Ce n'était plus qu'une question de jours, maintenant : quand les trois derniers Justes seraient rayés de la planète, quand leur lumière serait éteinte, l'aube du Gnoseos se lèverait et l'univers tel qu'on l'avait connu ne serait plus.

Brooklyn, New York

Le temps pressait.

Dans son petit bureau de la Z Avenue, rabbi Eliezer ben Moshé ferma les yeux et pria, la crainte et le désespoir étreignant son cœur.

Durant quatre-vingt-neuf ans, il avait été le témoin de bien des malheurs et des désastres, de *sim'ha* – de joie pure – et d'actes de bonté aussi. Mais depuis quelque temps, le Mal semblait dominer. Et il ne s'agissait pas d'un hasard.

Le vieux sage consacrait sa vie à l'étude de la Kabbale. Il méditait les mystères de Dieu, invoquait Ses nombreux noms pour implorer Sa protection, non pour lui-même mais pour l'humanité. Car le monde était en danger, menacé par un péril plus dévastateur encore que le Déluge. Les âmes noires du culte ancien avaient trouvé le *Livre des noms*. Il en était convaincu : tous les Lamed Vav dont les noms étaient inscrits sur l'antique rouleau disparaissaient un à un, assassinés. Combien en restait-il ? Dieu seul savait. Et le Gnoseos.

En soupirant, rabbi Eliezer ben Moshé rouvrit les yeux et observa les talismans alignés sur son bureau. Il les rangea soigneusement dans le cartable en cuir craquelé ouvert devant lui. L'arthrite ankylosait ses doigts. Péniblement, il délogea le Zohar et la Bible de la bibliothèque, tourna la mollette du coffre-fort que les volumes dissimulaient, et replaça le cartable à l'abri des verrous et des parois de métal ignifugé. Puis il saisit son vieux

Les 36 Justes

Livre des Psaumes et, d'un pas lourd, se dirigea vers la porte.

Sa longue barbe argentée tremblotait tandis que ses lèvres formulaient une supplique :

— Mon Dieu, donne-nous la force et la connaissance pour combattre le mal.

Sous son bureau, un minuscule micro transmettait sa prière. Pas à Dieu, hélas.

Chapitre 2

Université de Georgetown, Washington

Sitôt sa matinée de cours terminée, David Shepherd se dirigea vers le Hooligan's Bar, taraudé par une migraine lancinante et une faim impérieuse. La veille, il n'avait quasiment pas fermé l'œil. Le discours que Tony Blair avait prononcé devant les étudiants, à l'issue de sa visite de deux jours sur le campus, avait été ovationné. La soirée chez Myer, le doyen de la fac, s'était prolongée jusqu'à 1 heure du matin.

À l'université de Georgetown, on considérait la venue du Premier ministre britannique comme un coup de maître. David ne l'attribuait toutefois qu'à la chance. Sept mois auparavant, il avait été invité à présider un séminaire à Oxford. Lors d'un dîner à Londres, dans le quartier huppé de Belgravia, il s'était retrouvé face à Tony Blair, qui l'avait complimenté pour son dernier livre, *Droits et pouvoirs des nations, La Lutte pour la paix à l'ère de la prolifération nucléaire.*

Par la suite, ils avaient correspondu, et à la grande surprise de David, le Britannique avait accepté de s'exprimer devant les étudiants américains.

Cette visite avait éreinté David. Incapable de trouver le sommeil avant 4 heures du matin, il n'avait pas entendu la sonnerie du réveil, et était arrivé en retard à son cours. Il n'avait pas eu le temps d'avaler une aspirine, encore moins de boire un café. Faisant l'impasse sur le rasage, il s'était contenté d'une douche rapide et d'un coup de peigne dans ses épais cheveux noirs.

— Salut, David ! lança une voix nasillarde émergeant du brouhaha du pub.

Attablé dans un coin de la salle, son collègue Tom McIntyre lui adressait un signe de la main.

— Le chouchou de Myer a une sale tronche, aujourd'hui ! railla-t-il. Tu as discuté de l'état du monde jusqu'au petit matin avec ton copain Tony ?

David rejoignit le maître-assistant au front dégarni avec qui il partageait un bureau au département de Sciences politiques. La trentaine bien sonnée, célibataire, Tom comptait parmi les membres les plus populaires du corps enseignant. Cela ne gênait pas David outre mesure : lui-même, fils de sénateur, avait côtoyé des hommes politiques durant toute sa jeunesse, aussi l'arrogance de Tom et sa soif de compétition le laissaient-elles de marbre. Sauf lorsqu'ils partaient faire de l'escalade tous les deux. Alpiniste chevronné, Tom excellait dans le seul domaine où David prenait plaisir à gagner.

Avec un grognement, David s'affala sur une chaise en face de son ami. Celui-ci leva sa chope de bière :

— Commande-toi donc un demi. Pour la gueule de bois, c'est souverain.

— J'ai une migraine atroce, reconnut David en se forçant à sourire.

David choisit un hamburger, un chili aux oignons et une Heineken. Puis il se renversa contre son dossier en se massant les tempes. Tom reporta son attention sur l'écran géant au-dessus du bar.

— Les Gaulois ont raison, mon pote. Le ciel va nous tomber sur la tête.

— Ce n'est pas moi qui vais te contredire.

La télévision annonçait un attentat terroriste à Melbourne. David grimaça. Les désastres se succédaient avec la régularité d'un métronome.

Il y avait près de dix ans qu'il enseignait les sciences politiques – quatre qu'il avait été embauché à Georgetown –, et, de toute sa carrière, aucun semestre n'avait été plus déroutant que celui qui venait de s'écouler. Platon, Thoreau, Tocqueville ou Churchill étaient bien en peine d'expliquer la confusion qui régnait dans le monde. Ses étudiants posaient plus de questions qu'il n'avait de réponses. Tony Blair lui-même avait été incapable de les rassurer.

Lorsque la serveuse apporta sa bière, David fut soulagé de se détourner des images diffusées en boucle par CNN.

— C'est ton jour de chance, aujourd'hui. La ravissante Kate Wallace vient de s'asseoir à la table d'à côté. Invite-la au barbecue du doyen, suggéra Tom.

David s'efforça de ne pas tourner la tête. Ladite Kate était une jolie blonde de trente et un ans, professeur de lettres, qui écrivait un roman historique sur Ferdinand et Isabelle de Castille. Elle était surtout la première femme à susciter son intérêt depuis que Meredith avait demandé le divorce. Ils avaient pris un café ensemble à deux ou trois reprises.

David décocha un clin d'œil à Tom, puis se leva. Deux minutes plus tard, il notait le numéro de téléphone de Kate.

— Quel don Juan ! plaisanta Tom lorsqu'il revint à la table. Il ne t'aura fallu qu'un semestre et demi pour faire le premier pas.

— Rien ne sert de courir, répliqua David avant de mordre dans son hamburger.

Puis il regarda le bout de papier. *Oh, non.* Au lieu de Kate Wallace, il avait écrit un autre nom.

Dora Panagopoulos.

Son mal de tête, qui s'était un peu calmé, redoubla de vigueur. Encore un nom inconnu.

— Eh, Dave, ça va ? Tu as l'air d'un revenant, tout d'un coup.

Les muscles de David se contractèrent. À son insu, Tom avait fait mouche. David ne parlait jamais de la chute qui avait failli lui coûter la vie lorsqu'il était adolescent. Même Meredith ignorait cet épisode de son passé.

— Cette fichue migraine... marmonna-t-il en se forçant à manger.

Mais il n'avait plus faim.

Une heure plus tard, David roulait à tombeau ouvert en direction de Capitol Hill, impatient de vérifier si Dora Panagopoulos figurait dans son journal.

À la hâte, il gara la Mazda derrière sa maison et il s'apprêtait à couper le moteur lorsque débuta le bulletin d'informations de CBS.

À Athènes, la police surveille la résidence du Premier ministre grec, Nicholas Agnastou, dont la sœur, Dora Panagopoulos, a été assassinée ce matin...

La main de David se figea sur la clé de contact. La sueur perlait à son front alors qu'il frissonnait. *Pourquoi son nom m'est-il venu aujourd'hui, le jour de sa mort ? Cela ne s'était encore jamais produit.*

Il se précipita dans son bureau, dont il claqua la porte derrière lui. Il régnait dans la pièce une pagaille rassurante : des papiers, des classeurs et des livres, une boîte de feutres à pointe fine, une photo encadrée – sa belle-fille Stacy et lui lors de leurs dernières vacances de ski –, et dans la main du singe en céramique rouge que Judd Wanamaker, le meilleur ami de son père, lui avait rapporté de Thaïlande quand il avait huit ans, la pierre gris-bleu aux reflets laiteux.

Dans le tiroir central de son bureau, il fourragea parmi les relevés de comptes et les factures jusqu'à mettre la main sur son cahier rouge. Le cœur battant, il feuilleta les pages couvertes de noms. Cent quarante-cinq pages noircies. Des milliers et des milliers de noms, où se mêlaient toutes les nationalités de la terre.

Elle était là, au milieu de la page quarante-deux.

Dora Panagopoulos.

Il avait inscrit son nom le 7 octobre 1994. Il indiquait

toujours la date à laquelle les noms lui venaient. Celui de Dora lui était venu quand il avait vingt-deux ans.

Et de nouveau aujourd'hui. Le jour où elle était morte.

Casa della Falconara, Sicile

Seule dans le noir, nue, Irina avait froid, et peur.

Sainte Vierge, combien de temps vont-ils me garder ici ? Que vont-ils faire de moi ?

Le bandeau de soie était doux contre ses paupières, mais elle n'avait aucune idée du temps qui s'était écoulé depuis la dernière fois où on le lui avait ôté. Même lorsqu'ils lui apportaient à manger et lui détachaient les mains, ils ne l'autorisaient pas à enlever le bandeau.

Elle voulait rentrer chez elle, s'asseoir devant la fenêtre et broder son trousseau de mariage. Il lui restait encore cinq taies d'oreiller à orner.

Le mariage aurait-il lieu ? Mario la cherchait-il ? La pleurait-il ? Reverrait-elle jamais son visage ?

Lorsque la lune brillait, le Premier ministre italien Di Stefano se plaisait à s'asseoir dans le jardin de sa villa et à fumer l'un de ces cigares cubains que son père lui avait fait connaître à son huitième anniversaire. Surplombant l'amphithéâtre antique de Ségeste, la Casa della Falconara appartenait à sa famille depuis quatre générations. Soixante-dix ans plus tôt, ses parents avaient célébré leurs noces sur la terrasse, d'où l'on avait la meilleure vue. Lui préférait le jardin. Dans la tiédeur de la nuit, les paupières closes, il savourait le parfum des citronniers montant de la vallée et écoutait les pièces grecques et latines jouées en contrebas.

En cette soirée d'août, le théâtre était calme et le jardin désert. Eduardo Di Stefano présidait une réunion confidentielle entre les murs de sa demeure.

Vingt hommes conversaient à voix basse tandis que Silvio, le majordome du Premier ministre, emplissait les verres d'un porto de trente-cinq ans d'âge. Jusqu'à ce qu'il se fût éclipsé, les convives ne parlèrent que du temps orageux ou des six plats qu'ils venaient de déguster. Puis Eduardo Di Stefano se leva, verrouilla la porte et prit la parole :

— Ce soir, mes fidèles amis, nous sommes parvenus à une étape décisive. Trente-trois obstacles ont été supprimés.

De vigoureux applaudissements retentirent. Une lueur de contentement s'alluma dans le regard pénétrant du Premier ministre. Le front haut, la mâchoire volontaire, le sourire charmeur, il possédait une prestance indéniable. Bien qu'il approchât de la soixantaine, ses cheveux noirs n'étaient parsemés que de quelques filets d'argent. En attendant que le silence revienne, il fit tourner autour de son majeur l'anneau d'or représentant deux serpents entrelacés.

— Plus important encore, reprit-il, notre Serpent est à la veille de la victoire décisive.

Avec un sourire, il se tourna vers celui dont la famille avait le privilège de gérer le vaste patrimoine du Cercle depuis le XVIe siècle, celui dont le fils avait identifié les cibles des Anges Noirs, rendant imminent le triomphe auquel ils aspiraient depuis si longtemps.

Sous les applaudissements, l'homme aux cheveux blonds inclina humblement la tête.

— Depuis trois jours, poursuivit Di Stefano, votre fils travaille sur son ordinateur. En cet instant même, peut-être n'est-il qu'à quelques secondes de décrypter les trois derniers noms.

Autour de la longue table, les invités échangèrent des regards animés. Pendant plus de cent générations, leurs prédécesseurs avaient tout mis en œuvre pour voir se lever l'aube d'une ère nouvelle. Savoir le succès si proche, l'illumination spirituelle si probable les emplissait d'une joie libératrice.

Di Stefano leva son verre et se tourna vers son second, Alberto Ortega. L'ancien secrétaire général des Nations unies leva à son tour son verre.

— Préparons-nous à la poursuite du voyage, déclara Di Stefano en trempant les lèvres dans le porto.

Ce rituel familier le détendait et l'excitait en même temps : la première fois qu'il avait été autorisé à y participer, l'émotion lui avait coupé l'appétit la veille et ravi le sommeil. Son père ne lui avait jamais parlé de ces assemblées mystérieuses qui se tenaient deux fois par an à la villa. Même sa mère n'avait pas le droit d'y assister. Parfois, des crissements de pneus sur le gravier de l'allée le réveillaient avant l'aube, signalant le départ des invités, pour la plupart des chefs d'État ou des responsables politiques. Depuis ce jour où les lourdes portes s'étaient refermées devant lui, il avait rêvé d'intégrer ce cercle.

À l'âge de dix-huit ans, enfin, il avait reçu son propre talisman, l'anneau d'or dont il ne se séparait jamais ; et on l'avait convié aux réunions. Les premières le révoltèrent.

Il avait fini néanmoins par apprécier le cérémonial qui clôturait la soirée. Son père lui en avait expliqué patiemment la nécessité. Les femmes qu'ils soumettaient aux rites d'initiation joueraient un rôle crucial lorsque le monde serait à eux. Sélectionnées avec soin, maintenues en réclusion, elles feraient office de réceptacles, en temps voulu.

Di Stefano souffrait encore d'insomnie à la veille des assemblées, mais l'anxiété n'en était plus la cause.

Il appuya sur un bouton. Les panneaux du mur coulissèrent. Irina se tenait dans la pénombre, cheveux noir de jais, les yeux bandés, entièrement nue.

Certains s'agitèrent sur leur siège à la pensée des transports divins qui les attendaient. D'autres se contentèrent de river des yeux de prédateurs sur la jeune fille.

Comme leurs prédécesseurs, ces hommes avaient été choisis dès leur plus jeune âge pour recevoir cet insigne honneur, prendre part à cette quête dangereuse.

Et personne en dehors du Cercle n'en sait rien, songea Di Stefano. Ces crétins embourbés dans la matérialité du monde ignoraient tout du Gnoseos.

Alberto Ortega se dirigea vers le meuble où les deux gemmes scintillaient telles des étoiles sombres dans un cube de verre. L'améthyste et l'émeraude comptaient parmi les douze joyaux éternels du Zodiaque des pierres précieuses. En veillant à ne pas heurter le cube de verre, Ortega saisit la coupe rituelle et la petite fiole d'argent.

Puis, précautionneusement, il déversa la poudre bleue dans la coupe, jusqu'à ce que les granules recouvrent le serpent gravé au fond du calice. Di Stefano s'approcha, tenant une carafe en cristal dans la main droite ; il versa du vin dans la coupe. Quand le liquide rubis eut atteint le second serpent, il remua avec son doigt.

Les yeux brillants, il porta la coupe aux lèvres de la fille et la força à boire. Tandis que le liquide amer descendait dans sa gorge, la fille se mit à trembler. Di Stefano passa la coupe à Ortega, qui y trempa les lèvres, puis la passa à Odiambo Mufulatsi, lequel tendit le calice à son voisin et ainsi de suite, afin que chacun prenne une gorgée symbolique par ordre de préséance.

À présent, des couleurs surgissaient devant les yeux d'Irina, des spasmes agitaient ses épaules, son cœur cognait contre ses côtes, des serpents s'enroulaient autour de ses épaules. Ses cris de terreur résonnèrent dans la pièce. Elle perdit connaissance.

ג

Chapitre 3

Shen Jianchao
Glenda McPharon
Hassan Habari
Lubomir Zalewski
Donald Walston
Rufus Johnson
Noelania Trias
Henrik Kolenko
Sandra Hudson
Mzobanzi Nxele

David feuilletait les pages de son journal d'une main fébrile, s'arrêtait sur des noms au hasard et les tapait dans le champ du moteur de recherche de Google.

À minuit, il avait ainsi lancé des recherches Internet sur plus d'une cinquantaine de noms. La plupart avaient abouti à des résultats sans intérêt.

Marina Dubrovska. Une série de liens vers des journaux de Cracovie s'afficha à l'écran. Deux ans plus tôt, une Marina Dubrovska avait été tuée par balle dans son sommeil à l'hôtel Wysotsky. David chercha d'autres informations au sujet de ce meurtre. En vain.

Un Simon Rosenblatt se révéla être un juif gazé par les nazis à Treblinka en 1942. Un homonyme, soldat américain, avait péri dans le bombardement de Pearl Harbor. David en avait trouvé trois autres, tous morts entre 1940 et 1945.

Le cadavre de LaToya Lincoln, une assistante sociale de Detroit, s'était quant à lui échoué sur la rive canadienne du fleuve en 1999.

Les doigts de David malmenaient le clavier.

Donald Walston. Des centaines de liens apparurent à l'écran, concernant quatre Donald Walston : un électricien au Canada, un arrière-grand-père sur l'arbre généalogique d'une famille sud-africaine, un écrivain britannique vivant à Birmingham, et un dentiste de Santa Barbara.

La coïncidence était troublante. À l'exception de l'aïeul sud-africain, emporté par la typhoïde en 1918, les trois Donald Walston étaient morts à quelques mois d'intervalle, dans le courant de l'année qui venait de s'écouler. L'électricien avait été victime d'un meurtre ; l'écrivain avait succombé à un accident de la route, causé par un chauffard qui avait pris la fuite ; le dentiste avait disparu dans un incendie.

À 7 heures du matin, David s'était penché sur cent quatre-vingts des noms inscrits dans son journal. Soixante de ses recherches avaient été fructueuses. Et, sur ces soixante personnes, quarante-huit avaient péri de mort violente. Vingt-sept assassinats, vingt et un accidents.

David compulsa sa liste de noms. Des individus qui habitaient aux quatre coins du globe, qui avaient vécu à des époques différentes. Des gens de tous milieux, tous pays, toutes religions.

Des gens qui figuraient dans son journal.

Des noms qui résonnaient dans sa tête.

— Voilà, Dillon, tu sais tout. Tu crois que je suis fou ? conclut David.

De ses yeux d'un bleu lumineux, le père Dillon McGrath scrutait le visage de son ami.

— Que le nom de Dora Panagopoulos te soit revenu le jour de sa mort ne signifie pas que tu es dingue. Que tu possèdes un don extrasensoriel, peut-être, mais pas que tu es fou.

— Si j'avais ne serait-ce qu'un atome de perception extrasensorielle, je jouerais plus souvent au Loto.

Dillon lui décocha le sourire ravageur pour lequel les femmes maudissaient sa soutane. Avec ses boucles brunes et son teint buriné, Dillon McGrath tenait davantage du pirate que du prêtre, mais, depuis huit ans qu'ils étaient amis, David n'avait décelé chez lui qu'un seul vice : son penchant pour le Glenmorangie et les cigares cubains.

Dillon était professeur de théologie. David et lui avaient été titularisés à Georgetown en même temps. S'ils n'avaient pas grand-chose en commun, ils s'étaient liés peu à peu et consacraient désormais leurs samedis matin à établir un classement des meilleurs restaurants servant des bagels au saumon fumé.

David balaya du regard la bibliothèque de Dillon, où s'alignaient des ouvrages de philosophie et de religion comparée, des essais sur l'occultisme et la métaphysique. Il ne se faisait pas d'illusions : aucun de ces bouquins ne lui fournirait d'explication valable.

— Quand as-tu commencé à écrire ces noms ? lui demanda Dillon en buvant une gorgée de café.

— Au lycée, en classe de seconde.

— Que s'est-il passé cette année-là qui ait pu déclencher ce phénomène ?

David se leva et arpenta la pièce. Il s'était présenté chez Dillon avec l'intention de lui relater son expérience, mais à présent il hésitait.

— David... Je te connais trop bien. Quand tu fais les cent pas comme ça, je sais que ton cerveau est agité par des milliers de pensées. Ne m'oblige pas à te les arracher une à une.

— Tu parles comme les psys chez qui mes parents m'ont traîné après l'accident.

En soupirant, David se rassit.

— Avec un copain et une copine, on a failli se tuer. J'avais treize ans. Les noms ont commencé à me venir deux ans plus tard. On est tombés d'un toit. Je me suis fracassé la cage thoracique. Pendant quelques minutes, j'ai été en état de mort clinique. Eh oui, ajouta-t-il, anticipant la question, j'ai vu la lumière au bout du tunnel.

— Et tu ne me l'avais jamais dit ? répliqua Dillon en désignant sa bibliothèque. Tu sais que j'ai écrit deux bouquins sur la vie après la mort, et tu ne m'as jamais laissé explorer ton subconscient ?

– Pardonnez-moi, mon père, parce que j'ai péché, plaisanta David en joignant les mains.

Dillon secoua la tête.

– Ton expérience de mort imminente est sûrement liée aux noms que tu entends, remarqua-t-il avec une légère excitation dans la voix. Deux ans, ce n'est rien à l'échelle du subconscient.

– Si tu le dis... Je suis à court d'explications. C'est pour cela que je t'en parle.

Dillon se carra contre le dossier de sa chaise.

– Et si tu commençais par le début ? suggéra-t-il. Ne te censure pas. Raconte-moi tout ce dont tu te souviens à propos de ton accident.

C'était un après-midi d'hiver, dans le Connecticut. Il neigeait. Le père de David avait des invités de marque : l'ambassadeur de Suisse, Erik Mueller, son épouse et leur fils Chris, un adolescent de deux ans plus âgé que David.

Chris était un grand blond à la carrure athlétique, un sportif, féru de ski, qui se vantait d'avoir entrepris à sept ans l'ascension du mont Cervin. Il faisait tout pour se faire remarquer de la meilleure amie de David, Abby Lewis, laquelle semblait ne pas être insensible à ses avances. Chris avait mis David au défi de grimper sur le toit pentu de la maison des voisins. David avait accepté, non sans appréhension. Abby s'était aventurée à leur suite, des flocons de neige accrochés à ses cils. Feindre de ne pas avoir peur, de ne pas avoir le vertige. Le rire d'Abby se transformant en cri de terreur lorsqu'elle avait dérapé... David avait essayé de la rattraper, mais il avait perdu l'équilibre et heurté Chris. La chute s'était déroulée comme au ralenti, comme si le sol enneigé était lentement monté vers eux, pour les frapper de plein fouet. Et puis le noir, le silence.

David s'interrompit. Dillon arqua un sourcil.
— Et après ?
David avait la nausée, des frissons. Il entendait encore les reproches cinglants de son père.
« Comment as-tu pu faire une chose aussi stupide sous prétexte que Chris t'a provoqué ? Te rends-tu compte que tu as failli mourir ? Que ce garçon ne sortira peut-être jamais du coma ? Qu'est-ce qui t'a pris, David ? Toi qui es si intelligent, peux-tu me dire ce qui t'a traversé la tête ? »
Sa mère l'avait entraîné hors de la chambre d'hôpital, mais il était trop tard. Ces paroles restèrent dressées entre son père et lui comme les paravents grisâtres que les infirmières avaient placés autour de son lit pour décourager les reporters.
— J'avais atrocement mal, à l'hôpital. J'avais des fils et des tubes partout. Les médecins ont dit qu'ils m'avaient sauvé de justesse.
— Qu'as-tu vu pendant la mort clinique ? insista Dillon.
— Je me souviens d'un tunnel, d'une lumière très vive, comme tous ceux qui prétendent être allés aux frontières de la mort. Rien de plus. J'ai lu tous les livres d'Elisa-

beth Kübler-Ross. Ce qui m'est arrivé n'a rien d'exceptionnel.

— Il y a forcément autre chose, déclara Dillon. Ne refoule pas tes souvenirs. Je suis sûr que ton expérience est liée à ces noms. Ces noms t'obsèdent depuis plus de vingt ans. Ce n'est pas un hasard.

— J'ai l'impression de perdre la tête. Ces derniers temps, les noms m'assaillent sans relâche. Je ne veux pas devenir fou !

— Il faut que tu remontes à la source pour débloquer tes souvenirs. Tu pourrais tenter l'hypnose.

Son collègue lui aurait conseillé des électrochocs que David n'aurait pas été plus étonné.

— Pas besoin d'avoir peur, le rassura Dillon. Ce n'est pas de la sorcellerie. Je peux te recommander un ami à moi : Alex Dorset. Il travaille avec des victimes d'agressions aussi bien qu'avec la police. C'est un hypnothérapeute très réputé.

Tout en parlant, il compulsait son répertoire.

— Voilà ses coordonnées.

Il griffonna sur une page de calepin et la tendit à David, qui la regarda sans la prendre.

— Ce genre de trucs me met mal à l'aise...

— Et ces noms qui engloutissent ta vie ? Et ces étranges coïncidences concernant la mort de ces gens ? Je croyais que tu cherchais des explications ?

David ne répondit pas. La veille, il avait encore inscrit un nouveau nom dans son journal. Dillon lui fourra le papier dans la main.

— Fais-moi confiance. C'est un point de départ comme un autre. Passe un coup de fil à Alex.

David plia la feuille et la glissa dans son porte-monnaie.

— Je te tiendrai au courant.

— Au fait, lança Dillon tandis qu'il se dirigeait vers la porte, tu ne m'as pas dit ce qu'il était advenu de tes amis.

— Abby s'en est tirée avec un bras cassé, mais Chris... (Un rictus déforma furtivement les traits de David.) Il a été rapatrié en Suisse, poursuivit-il. Les médecins avaient peu d'espoir qu'il émerge un jour du coma. Mon père a pris de ses nouvelles pendant environ un an. Il n'y avait pas d'amélioration.

David secoua la tête avant d'ajouter :

— J'ai une pierre qui lui appartient. Avec des lettres hébraïques. Je ne sais pas d'où il la tenait. Une pierre bleue de la taille d'un grain de raisin, très lisse, une agate. Quand il a lancé l'idée de monter sur le toit, il nous l'a montrée en disant qu'elle avait des pouvoirs magiques, qu'elle nous empêcherait de tomber. Tu parles de pouvoirs magiques !

— Comment se fait-il que tu l'aies ?

— À ma sortie de l'hôpital, je suis allé voir où nous étions tombés. La neige avait fondu et la pierre était encore dans l'herbe. Elle m'était complètement sortie de l'esprit. Je l'ai ramassée, et je l'ai gardée en souvenir du prix à payer pour les actes inconsidérés.

Dillon l'observait avec intérêt.

— Tu sais ce qui est écrit sur cette pierre ?

— Sans doute une maxime pondue par un grand sage. Dans le genre : « Plus on s'élève, plus dure sera la chute. »

Dès que David eut refermé la porte derrière lui, Dillon sortit de sa bibliothèque un livre sur la magie juive. Il consulta d'abord l'index, puis se reporta à la page indiquée.

Une demi-heure plus tard, il refermait le volume et décrochait son téléphone.

Chapitre 4

Le vendredi matin, David prit la D Street pour rejoindre Pennsylvania Avenue, roulant sans radio ni musique sous le soleil radieux du mois d'août. Il voulait se vider l'esprit avant la séance d'hypnose.

Il trouva sans peine une place de stationnement en face du bâtiment de brique qu'il observa un instant avant de descendre de sa voiture.

Allons, tu as gravi des montagnes, un peu d'hypnose n'a rien d'insurmontable. Il redoutait surtout que la séance ne soit infructueuse. Que les noms demeurent à jamais un mystère.

Il connaissait bien la peur. Au cours des premières années qui avaient suivi sa chute, elle l'avait paralysé. Il était terrifié par les escalators, les escaliers raides, les attractions de fête foraine – il souffrait d'acrophobie.

Ses parents avaient couru les thérapeutes, en vain. Jusqu'au jour où David avait pris la décision de vaincre cette panique.

Le sénateur Robert Shepherd avait engagé des gardes du corps pour protéger sa famille après avoir reçu des menaces de mort. Karl Hutchinson, affecté à la sécurité rapprochée de David, était un vétéran des commandos de marines. L'adolescent sympathisa avec cet homme intelligent et solide qui l'aida à reprendre confiance en lui.

Lorsque les menaces se tarirent, les gardes du corps furent remerciés mais David resta en contact avec Hutch. Ses parents acceptèrent même qu'il passe un séjour en Arizona, dans le bungalow de la famille de Hutch. Et c'est là qu'il affronta sa terreur.

Il avait demandé à Hutch de l'emmener en montagne. Pour commencer, ils arpentèrent des sentiers de rocaille. Puis David résolut de repousser ses limites : il voulait s'attaquer à un sommet. Et, bien qu'il n'eût réussi à gravir que trois cents mètres lors de son premier essai, ce fut suffisant pour le rendre accro à l'escalade.

Après deux semaines, les plus exténuantes et les plus grisantes de sa vie, il rentra chez lui brûlé par le vent et le soleil, couvert d'égratignures, mais déterminé à conquérir un jour les 2 000 mètres de la Granite Mountain. David avait dominé sa peur des sommets. Restait à dominer sa peur des noms.

À l'instant où il sortit de sa voiture, les premières notes d'*Over the Rainbow* résonnèrent : c'était la mélodie attribuée au numéro de Stacy en hommage au *Magicien d'Oz*, leur film préféré. En souriant, il consulta sa montre. Il était presque 11 heures à Santa Monica.

– Bonjour, Stacy. Tu n'es pas censée être à l'école ?
– C'est la pause-déjeuner, lui répondit sa belle-fille.

Son cœur se serra. Stacy avait perdu sa voix d'enfant. À treize ans, elle s'exprimait comme une ado.

— David, il faut que je te dise quelque chose, mais je ne veux pas que maman entende.

— Que se passe-t-il ?

Il s'appuya contre sa voiture. À l'autre bout de la ligne, Stacy prit une inspiration.

— Maman va se remarier. Ce week-end. Je vais avoir un nouveau beau-père.

Stacy avait lâché ce dernier mot comme une injure.

— Qui est-ce ?

David s'efforçait d'adopter un ton désinvolte, mais il était ébahi. Meredith et lui s'étaient téléphoné quelques semaines plus tôt, et elle n'avait même pas évoqué un petit ami.

— Il ne te plaît pas, Stacy ? Accorde-lui donc une chance.

— Ce n'est pas ça, Len a l'air d'être un mec bien. Grâce à lui, maman a de nouveau arrêté de fumer. Ce qui me fait chier, c'est qu'il s'est mis dans la tête de m'adopter, alors que je le connais à peine. Maman est d'accord... Et ils ne m'ont même pas prévenue qu'ils allaient se marier.

Adopter Stacy ? David n'en croyait pas ses oreilles.

— Si l'un des maris de maman doit m'adopter, je veux que ce soit toi, poursuivit-elle d'une petite voix. Sinon, je préfère garder le nom de mon père et rester qui je suis.

David était furieux contre Meredith. Tout à son égocentrisme, elle ne se demandait jamais quelles répercussions ses choix risquaient d'avoir sur sa fille.

— Je comprends, Stacy, c'est dur. J'aimerais pouvoir faire quelque chose.

— Attends, ce n'est pas tout. Ils veulent m'emmener avec eux pour leur lune de miel. Ils disent que ce sera un voyage de noces « familial ». Complètement débile !

David jeta un coup d'œil à sa montre. 14 h 02. Il avait déjà deux minutes de retard.

— Je me mets à ta place, ma puce, mais je sais que ta mère ne veut que ton bien. Tu veux que je lui passe un coup de fil ? Peut-être que j'arriverai à la convaincre de te confier à moi pendant leur voyage de noces.

— Ça m'étonnerait. Ils tiennent à ce que nous formions une famille. Mais ma famille, c'est toi, David. Je ne sais pas pourquoi vous vous êtes séparés, avec maman.

David grimaça. C'était probablement sa faute si son mariage avec Meredith avait été un échec. Elle l'accusait d'être renfermé sur lui-même et lui avait reproché ses sautes d'humeur, ses crises d'introspection, ses migraines qu'il ne signalait même pas au médecin. En outre, elle jalousait l'affection qu'il portait à sa fille. Avec Meredith, la sublime Meredith, la communication passait principalement par le sexe. En dehors de la chambre à coucher, il n'avait pas su lui donner ce qu'elle désirait : de l'attention, de l'amour, des discussions à cœur ouvert. Ce mariage avait été une erreur. Et Stacy en avait fait les frais.

Cette enfant était le seul élément positif de sept ans de vie commune. Contre toute attente, le courant était passé entre eux dès leur première rencontre. Il avait accompagné Meredith à un spectacle organisé par l'école maternelle. Stacy, trois ans, lui arrivait à peine aux genoux. Meredith lui avait confié que, depuis des semaines, sa fille restait plantée pendant des heures devant le miroir du couloir à répéter sa tirade de deux lignes.

David s'apprêtait à l'applaudir chaleureusement, mais, juste avant son heure de gloire, la petite Emily avait oublié sa réplique, fondu en larmes et quitté la scène en courant. Stacy avait hésité quelques secondes, puis elle l'avait suivie. À l'entracte, David et Meredith s'étaient précipités dans les coulisses et l'avaient trouvée, main dans la main avec sa camarade. L'après-midi s'était terminé chez un glacier, où Meredith avait réprimandé sa fille. David, pour sa part, était conquis par ce bout de chou au cœur pur qui, plutôt que de cabotiner sur scène, avait préféré consoler une amie. L'élan spontané d'amour qu'il éprouva pour elle s'était renforcé au fil des ans.

— Les adultes n'ont pas toujours réponse à tout, Stacy. Mais laisse-moi te dire une chose : ta mère et moi, on a peut-être divorcé, mais je tiens toujours à toi.

— Alors tu parleras à maman, et tu lui diras que je ne veux pas m'appeler Stacy Lachman ?

Stacy Lachman. David se figea. Pendant un instant, le souffle coupé, il demeura incapable de prononcer la moindre parole.

Stacy Lachman.

— David, tu m'entends ?

— Oui, articula-t-il d'une voix rauque. Écoute, je vais faire de mon mieux, OK ? Mais il faut que je raccroche, j'ai un rendez-vous. Fais-moi plaisir, Stacy, avale quelque chose à midi.

David fourra son téléphone dans sa poche et traversa la rue à la hâte, sa chemise trempée dans le dos. Le nom de Stacy Lachman ne lui était pas inconnu. Il l'avait inscrit plusieurs fois dans son cahier rouge.

Une odeur d'encaustique planait dans le cabinet aux murs couverts de boiseries. David compta quatre coupelles de bonbons, placées près des sièges. Puis il examina Alex Dorset, qui était en train d'écrire à son arrivée : un homme noir, corpulent, à la moustache fournie. Il allait falloir lui faire confiance.

— Je vous en prie.

Dorset fit signe à son visiteur de prendre place dans le fauteuil inclinable en face de lui.

— Asseyez-vous, professeur Shepherd, et essayez de vous détendre. Vous avez l'air nerveux.

— Je souhaite que vous m'hypnotisiez, déclara David en posant les mains sur le bureau. Tout de suite.

— Je dois d'abord vous poser quelques questions. Vous avez été très vague au téléphone. Si vous commenciez par me parler de ces migraines que vous avez évoquées ?

— Peu importe ces migraines, rétorqua David en frappant le bureau du plat de la main. Ce qui me préoccupe, ce sont les noms.

Le thérapeute haussa les sourcils.

— Je ne peux vous hypnotiser tant que vous serez dans

cet état d'agitation. Essayez de vous calmer et décrivez-moi vos sensations.

Se contraignant à se maîtriser, David relata à Dorset les circonstances qui avaient conduit à l'accident, son expérience de mort imminente, puis la soudaine apparition des noms dans sa vie. *Qu'est-ce que Stacy vient faire là-dedans ?* se demandait-il tout en parlant. *Pourquoi son nom figure-t-il dans mon journal ?*

— D'après ce que vous m'aviez dit au téléphone, je me doutais que vous seriez un cas complexe, commenta Dorset en tapotant le bureau de son stylo.

— C'est compliqué, en effet. Pouvons-nous commencer, maintenant ?

— Essayons toujours.

David inspira profondément et se força à fermer les yeux tandis que l'hypnothérapeute s'installait sur la chaise derrière lui. En entendant le déclic d'un magnétophone, il se renversa contre le dossier de son fauteuil.

— Quand vous vous réveillerez, vous vous sentirez en pleine forme, et vous vous souviendrez de tout ce que vous aurez fait remonter à la surface sous hypnose, précisa Dorset.

Puis il lui demanda de se concentrer sur sa voix, aux inflexions apaisantes, graves et harmonieuses, un peu comme un animateur de radio.

— ... Comptons à rebours... cinq... quatre...

David se sentit bientôt happé par une obscurité fluide. Il dérivait... Il dérivait au-delà de la contraction de ses épaules... au-delà de l'anxiété... au-delà de la pensée.

Il suivit la voix de Dorset, cette voix égale et rassurante. Il la suivit jusqu'à l'hiver de ses treize ans, jusqu'au toit où Chris Mueller courait devant lui avec aisance.

— Abby ! Attrape ma main, Abby !

— Ne vous inquiétez pas pour Abby, dit Dorset. Vous êtes à l'hôpital, maintenant. Les médecins s'occupent de vous. Vous les voyez ?

— Je me vois moi. Mon torse... du sang partout. Les médecins sont penchés au-dessus de mon corps.

— Souffrez-vous ?

— Non, je flotte. Chris est là... Les médecins sont partis. Quelle est cette lumière ?

— Allez-y, David. Dirigez-vous vers la lumière. Vous ne risquez absolument rien. Racontez-moi ce que vous voyez.

Une lueur, une sublime lueur irisée. Des silhouettes, des formes, des visages. Une nuée de visages. Dans l'arc-en-ciel miroitant, ils crient, ils tendent les bras. David est happé par ces visages transparents, torturés, suppliants. Leurs cris font vaciller la lumière, ils résonnent dans sa tête, ils grondent comme le tonnerre. Ils hurlent leurs noms. David distingue des centaines, des milliers de noms. Et puis d'une seule voix, les visages tordus scandent un mot.

Za'hor. Za'hor.

Et la lumière s'éteint.

ה

Chapitre 5

– Ça va, David ?

Le souffle court, le crâne vrillé par une migraine éprouvante, David cligna des yeux et se redressa en tremblant. L'hypnothérapeute, le regardant avec attention, lui tendit un verre d'eau.

– Vous vous souvenez de ce que vous venez de me dire ?

– De chaque mot. J'ai toujours eu le souvenir d'avoir été attiré vers une lumière intense, mais je ne me rappelais pas avoir vu ces visages, entendu ces cris. Qui est *Za'hor* ? murmura-t-il comme s'il se parlait à lui-même. Ils répétaient tous *Za'hor*.

– Peut-être devriez-vous étudier votre journal, et revenir me voir la semaine prochaine. Vous avez fait un chemin remarquable pour une première tentative. La prochaine fois, nous parviendrons sans doute à un autre niveau.

– Pouvez-vous m'hypnotiser de nouveau aujourd'hui ? Il faut que je sache ce que ces noms signifient.

— Impossible : ce serait aller à l'encontre du but recherché. Revivre de telles expériences épuise la psyché. Laissez à votre subconscient le temps d'assimiler ce que vous avez vu. C'est préférable, croyez-moi.

David quitta le cabinet, l'estomac noué. En se dirigeant vers sa voiture, il composa le numéro de Dillon McGrath.

— Dillon, lâcha-t-il à peine son ami eut-il décroché, le nom de Stacy est noté dans mon journal... et beaucoup sont morts... *Za'hor*, ça te dit quelque chose ? poursuivit-il, conscient de s'exprimer de façon incohérente. Ils répétaient tous *Za'hor, Za'hor*.

— Qui ?

— Les visages au bout du tunnel. Ils étaient des milliers. Ils criaient. Ils me criaient leurs noms. Et ils répétaient sans cesse : « *Za'hor, Za'hor* ».

— Je connais quelqu'un qui pourrait t'aider, répondit Dillon au bout d'un long silence. Un rabbin. Je sais que tu n'es pas croyant pour deux sous, ajouta-t-il avant que David ne l'interrompe, et que tu n'as pas mis les pieds dans une synagogue depuis ta bar-mitsva, mais ces voix t'ont parlé en hébreu.

— En hébreu ?

— « *Za'hor* » signifie : « Souviens-toi. » Ces gens que tu as vus dans la lumière, dans le tunnel, ils voulaient que tu te souviennes.

David leva les yeux vers le ciel :

— Que je me souvienne de quoi ?

— Ça me paraît évident, conclut Dillon. Ils voulaient que tu te souviennes de leurs noms. Et tu t'en souviens.

— Toi qui es spécialiste de la métaphysique, répliqua

David dans son portable en s'installant au volant de sa Mazda, peux-tu m'expliquer ce que cela signifie ?

— Malheureusement, non. Et c'est pourquoi je me permets de t'orienter vers un confrère, rabbi Eliezer ben Moshé. C'est un kabbaliste de renom qui enseigne la mystique juive. Tu as subi une expérience mystique, David. Si tu avais eu besoin d'un exorcisme, j'aurais pu me rendre utile, mais ton affaire n'est pas de mon ressort.

La Kabbale ? Tout ce que David savait de la Kabbale, c'est que des célébrités l'avaient popularisée en arborant un fil rouge au poignet et en troquant leur prénom pour un nom hébraïque.

— Je ne te parle pas de la nouvelle tocade de Madonna, ajouta Dillon comme s'il lisait ses pensées. J'ai déjà passé un coup de fil à ce rabbin. Il se dit très intéressé par ton journal, mais aussi par cette pierre que tu as conservée depuis l'accident. Emporte-la avec toi, quand tu iras le voir à Brooklyn. En attendant, il aimerait que tu lui faxes quelques pages de ton cahier, afin qu'il puisse les étudier.

Le front plissé, David négocia un virage.

— Ben Moshé appartient à une longue lignée de sages qui consacrent leur vie à l'étude de la Kabbale et des mystères de l'univers, continua Dillon.

Des sages. David se remémora les histoires que sa mère lui avait racontées à propos de l'un de ses grands-pères, Reb Zalman Kiev, un célèbre mystique capable de dispenser son savoir dans deux villes à la fois, à trois cents kilomètres de distance. Il avait toujours été persuadé que sa mère avait inventé cette légende.

– Tu te fiches de moi, hein ?

– Pas du tout, David. Il y a des phénomènes que la science ne peut pas expliquer. Ne te mets pas d'œillères.

– Je ne suis pas convaincu...

– Tu as une meilleure idée ?

David se frotta le front.

– Il habite où, à Brooklyn, ton rabbin ? s'enquit-il tout en se demandant comment réagirait le doyen de la fac lorsqu'il l'informerait qu'il devait s'absenter de toute urgence pour se rendre à New York.

Chapitre 6

Il tombait des cordes lorsque David descendit du taxi à Brooklyn. Son sac sur l'épaule, il monta en courant les marches de l'immeuble de brique, appuya sur le bouton de la sonnette et observa la mezouza en argent finement ciselée, fixée sur le montant de la porte du centre Bné Israël.

Un jeune homme maigre vêtu d'un pantalon noir et d'une chemise blanche, une kippa en tricot noire sur la tête, le fit entrer dans le vestibule.

– Rabbi Tzvi Goldstein. Je suis l'assistant de rabbi ben Moshé, se présenta le garçon en précédant David jusqu'à une salle de classe.

Les murs étaient couverts de rayonnages où s'entassaient de gros volumes hébraïques. Une agréable odeur de craie, de vieux cuir et de cire flottait dans la pièce.

– Nous avons étudié les extraits de votre journal, dit rabbi Goldstein avec un sourire qui trahissait son excitation. Rabbi ben Moshé est impatient de vous voir.

Très bien. Je vais peut-être enfin obtenir des réponses, songea David.

— Je préviens le rabbi que vous êtes arrivé. Désirez-vous une tasse de thé ?

— Non, je vous remercie.

Lorsque le jeune rabbin se fut retiré, David enfonça les mains dans ses poches et s'approcha de la fenêtre. À travers la pluie, il n'avait qu'une vision brouillée de la rue. Il repensa aux images de l'explosion d'un pétrolier iranien diffusées sur un écran dans le hall de l'aéroport. Depuis quelque temps, les médias n'annonçaient que des mauvaises nouvelles.

Une voix l'arracha à ses réflexions.

— Shalom, David. Si vous voulez bien me suivre... Montons discuter dans mon bureau.

Eliezer ben Moshé s'exprimait sans le moindre soupçon d'accent yiddish, contrairement à ce que David s'était imaginé. Le vieil homme avait un timbre éraillé, aussi usé que sa frêle silhouette. Sa longue barbe grise lui arrivait au milieu de la poitrine. Il portait une redingote noire trop ample, à croire qu'il s'était desséché depuis qu'il l'avait achetée. Ses yeux marron, néanmoins, constata David en s'asseyant en face de lui dans son petit bureau encombré, brillaient d'espoir et de curiosité.

— Avez-vous apporté votre journal, et la pierre ? s'enquit-il sans détour.

Tandis que David plongeait la main dans sa poche, à la recherche de la pierre, son regard fut attiré par les pages qu'il avait expédiées, placées près de l'ordinateur. Son hôte les avait abondamment annotées.

Le rabbin tendit une main noueuse. David eut un bref instant d'hésitation, puis il lui remit la pierre. Rabbi ben Moshé examina l'agate. À chacune de ses inspirations, son torse décharné se soulevait en frémissant.

— Elle n'a pas de facettes, murmura-t-il.

Dans un tiroir, il prit une loupe sous laquelle il plaça la pierre et la contempla en tous sens.

Que cet objet dont David était en possession depuis l'âge de treize ans puisse receler la moindre valeur le déconcertait encore plus que tout ce qui lui arrivait. Comme le rabbin effleurait les caractères hébraïques avec une vénération mêlée d'effroi, il réfréna son impatience et garda le silence.

— C'est une pierre sacrée, déclara enfin le vieil homme en levant les yeux vers lui. Vous voyez comme elle est travaillée ? Elle a été arrondie et polie, pourtant elle ne brille pas, elle ne réfléchit pas la lumière. Car c'est un cabochon. Jusqu'au Moyen-Âge, toutes les pierres étaient taillées de cette façon.

David observa l'agate, à laquelle il n'avait guère prêté attention tant qu'elle reposait dans la main du singe en céramique.

— D'après vous, elle remonte au Moyen-Âge ?

— Oh, non. Elle est beaucoup plus ancienne que cela. Elle date de plusieurs milliers d'années. Des temps bibliques.

David était abasourdi. Et sceptique. Comment Chris Mueller avait-il pu mettre la main sur un objet aussi ancien ?

— On m'a dit qu'elle possédait des pouvoirs magiques.

Il espérait presque que le vieux rabbin éclaterait de rire, mais ce dernier opina du chef.

— C'est ce qui est écrit, dit-il.

Et il referma la main autour de l'agate, puis murmura une prière en hébreu.

— Vous êtes juif, reprit-il. Vous comprenez la bénédiction *Chéhé'hiyanou* ? Je viens de remercier le Tout-Puissant de m'avoir permis de vivre jusqu'à ce moment.

Un frisson parcourut l'échine de David. Quelle mouche avait piqué ce vieillard ?

— Vous dites qu'elle est magique. En quoi ?

— Cette agate fait partie d'une série de douze pierres. Mais parlons d'abord des noms que vous avez notés dans votre journal... Ces noms ne sont pas anodins. Ils ont une grande importance, une très grande importance.

Dans un autre quartier de Brooklyn, au troisième étage d'un immeuble sans ascenseur surplombant le café Java Juice, un homme vêtu d'un tee-shirt à l'effigie d'Eminem et d'une casquette des Yankees baissa le son de ses écouteurs. Il en avait assez entendu.

Il décrocha son téléphone et appuya sur la touche bis. Quel boulot de rêve ! Depuis sa console, au milieu des écrans et des moniteurs du centre de communication, il épiait des conversations sur trois continents, et suivait le cours de l'Histoire, à l'insu des clients du Java Juice qui, deux étages plus bas, sirotaient leur jus de chaussette.

— Alors ? aboya le malabar aux cheveux blonds, à l'arrière de la camionnette de boulanger garée sur la Z Avenue. C'est quoi, ce bordel, Sanjay ? On va rester encore combien de temps à se tourner les pouces ? Shepherd est là-dedans depuis quarante minutes.

James Gillis était nerveux. C'était la première fois qu'il était chargé de la direction des opérations. Il avait hâte de faire ses preuves.

– Patience, mec ! Voici les consignes. Shepherd a la pierre et le journal avec lui. Tu récupères les deux. Et une fois que tu auras éliminé tout le monde, démerde-toi pour trouver ce putain de coffre et nous ramener ce que le vieux Juif a planqué dedans.

– No problemo.

Gillis jeta un coup d'œil à Enrique, le serrurier portoricain, absorbé dans le spectacle de la pluie dégoulinant le long des vitres de la camionnette. Enrique était un gars placide, aussi calme qu'un tueur à gages. Sous son blazer, il portait sa ceinture d'outils et son Glock.

Dans le centre de communication, Sanjay vérifia que les enregistreurs numériques clignotaient encore.

– Bon, dit-il en augmentant le volume de la conversation qui se déroulait dans l'immeuble de brique, à vous, les Anges Noirs !

Chapitre 7

Le rabbin posa la main sur les feuilles empilées près de l'ordinateur.

— Ces noms correspondent aux noms inscrits sur un manuscrit antique que l'on a découvert au Moyen-Orient.

David sentit le sol se dérober sous sa chaise.

— C'est impossible.

— J'en ai reçu confirmation ce matin. Écoutez-moi avant de vous braquer. Ces noms, comme tous ceux que vous avez notés dans votre journal, ont été inscrits pour la première fois il y a des millénaires... Par Adam, le premier homme.

Avant que David ne puisse protester, ben Moshé leva la main.

— D'après la Kabbale, Adam a écrit le *Livre des noms* pour ses fils, qui à leur tour en ont transmis des copies à leur descendance, et ainsi de suite jusqu'à Moïse.

David s'avança sur le bord de sa chaise, incapable de contenir son scepticisme.

— Rabbi, avec tout le respect que je vous dois, je ne peux pas croire qu'Adam, dans le jardin d'Éden, connaissait le nom de la fille de mon ex-femme !

S'emparant du cahier, il déchiffra des noms au hasard :

— Ou celui de Shen Jianchao. Ou de Noelania Trias. Ou de Dora Panagopoulos.

Il reposa le journal sur le bureau.

— Ça ne tient pas debout, conclut-il.

— Je n'espère pas de vous que vous compreniez tout cela aujourd'hui, répondit ben Moshé sans se démonter. L'étude de la Kabbale est le voyage de toute une vie. Il faut de longues années, et un esprit mûr, pour atteindre les sphères mystiques de la Torah. Autrefois, ses secrets étaient réservés à une élite, et les rabbins ne les transmettaient qu'à leurs disciples les plus méritants... David, j'ai consacré plus de soixante ans à cette étude. Accordez-moi au moins le bénéfice du doute.

— Je vous écoute.

— L'exemplaire du *Livre des noms* transcrit par la main de Moïse a été conservé dans le Temple de Jérusalem. Mais quand les Romains ont détruit le Temple, en l'an 70 de notre ère, ils en ont pillé les trésors et les ont rapportés à Rome. Le *Livre des noms* a disparu, ainsi que le pectoral du grand prêtre, sur lequel étaient sertis les joyaux des douze tribus d'Israël.

David considéra l'agate, des dizaines de questions lui brûlant les lèvres. Néanmoins, il s'abstint d'interrompre le vieil homme.

— Quant aux manuscrits transmis à la descendance d'Ismaël, le premier fils d'Abraham, ils se sont égarés dans les sables du désert. Il y a quelques années, on a découvert des fragments de papyrus en Égypte et dans d'autres régions du Moyen-Orient, dont on pense qu'ils ont été recopiés d'après les manuscrits d'Ismaël. Les archéologues, en collaboration avec des historiens et des mathématiciens, tentent de les reconstituer. Ces experts ont comparé les extraits de votre journal avec les fragments de manuscrits qui se trouvent actuellement en Israël.

— A-t-on retrouvé plusieurs exemplaires de ce *Livre des noms*, soi-disant écrit par Adam ?

— Nous le pensons. Des papyrus en araméen, en copte et en hébreu ont été découverts...

— Ils ne sont pas tous en hébreu ? s'étonna David.

— Non. Ismaël est le fils qu'Abraham a conçu avec Agar, sa servante égyptienne. Ses descendants parlaient diverses langues chamito-sémitiques. Nous avons retrouvé des passages identiques dans différentes versions ; malheureusement, aucune n'est complète. Il se pourrait cependant que nous parvenions bientôt à reconstituer un texte intégral.

David se pencha en avant.

— Donc les fouilles continuent ?

— Ça, oui. Hélas, nous ne sommes pas les seuls à chercher les fragments manquants. Ceux qui tentent de nous devancer sont des gens mauvais, David. Les ennemis de Dieu.

David leva un regard interrogateur vers le vieil homme, dont le visage était empreint de gravité. Dehors, l'averse redoubla de violence.

— De qui parlez-vous ?

— Du Gnoseos. Une société secrète issue d'une secte religieuse antique, les gnostiques.

— Antique ? C'est-à-dire ?

— Antérieure au christianisme.

La conversation prenait enfin un tour familier pour David. Dillon lui avait fait un exposé sur le gnosticisme, un samedi matin, au cours d'un de leurs petits déjeuners traditionnels, alors qu'ils discutaient de l'origine des religions.

— Ce sont des hérétiques, n'est-ce pas ?

Un coup de tonnerre retentit.

— Ils considèrent que l'homme est prisonnier d'un corps mauvais, c'est bien cela ? ajouta-t-il.

— Oui. Et que l'âme doit s'abreuver d'une science infuse, afin de s'élever spirituellement et de se libérer de son enveloppe charnelle.

— Pour accéder au Salut ?

— Pas exactement, soupira le kabbaliste. « Gnose » vient du grec *gnôsis*, qui signifie « connaissance ». Les membres du Gnoseos pensent que lorsqu'ils en auront acquis suffisamment, ils seront en mesure de vaincre Dieu. Tel est leur objectif.

David s'apprêtait à poser une question, mais on frappa à la porte et rabbi Goldstein passa la tête dans le bureau.

— Veuillez m'excuser, rabbi, Yaël Harpaz est ici.

— Très bien, faites-la monter, Tzvi, répondit Eliezer en regagnant sa chaise. J'espère que cela ne vous dérangera pas, David : j'ai invité une experte en archéologie à se joindre à nous. C'est une jeune femme brillante, originaire de Safed. Elle est arrivée d'Israël ce matin.

David explosa :

— Pardonnez-moi, rabbi, mais le nom de ma belle-fille figure dans mon carnet et j'aimerais bien que nous en revenions au fait ! Pourquoi tous ces morts veulent-ils que je me souvienne de leurs noms ?

— Patience ! Que vous le vouliez ou non, vous êtes impliqué dans une affaire qui dépasse votre entendement. Vous êtes docteur en sciences politiques, et une sommité dans votre branche, mais sachez que je maîtrise moi aussi mon domaine, et qu'il en va de même pour Yaël Harpaz.

Avant que David ait pu répondre, une jeune femme grande et élancée, vêtue d'une longue jupe noire vaporeuse et d'une blouse ivoire sous une veste en soie cintrée, apparut sur le seuil. Comme elle s'avançait dans la pièce, David admira ses pommettes hautes et sa bouche pulpeuse, fardée d'un rose discret, son teint mat qui tranchait avec ses yeux verts et ses cheveux cuivrés, relevés en un chignon lâche.

— Yaël, voici David Shepherd, dont je vous ai parlé.

Les bracelets en argent de la jeune archéologue tintèrent lorsqu'elle serra la main de David.

— Shalom, dit-elle d'une voix grave.

— Vous avez fait un sacré bout de chemin pour venir me voir et je vous avoue que je ne comprends pas pourquoi.

— Je suis venue pour la pierre. L'avez-vous apportée ?

Surpris par son ton autoritaire, David se retourna vers le bureau pour prendre l'agate :

— Alors vous aussi, vous pensez qu'elle provient du pectoral du grand prêtre ?

— Vous permettez ?

Yaël Harpaz saisit la pierre et l'examina longuement.

— Nephtali, décréta-t-elle.

Le kabbaliste lui adressa un large sourire.

— Admettons que ce soit l'une des pierres du pectoral, concéda David. Où sont les autres ?

— Quatre sont à Jérusalem, en lieu sûr, répondit Yaël avant de se tourner vers le vieux rabbin.

— J'en ai une autre ici, annonça-t-il. La pierre de Lévi, l'ambre.

Il se dirigea vers sa bibliothèque et en délogea les volumes qui masquaient le coffre-fort.

— Elle a refait surface dans une synagogue sépharade de Detroit, poursuivit-il. Un Juif l'avait achetée sur un marché du Caire, voilà près de dix ans, sans soupçonner sa valeur. Il l'a montrée le mois dernier à son rabbin, qui m'a aussitôt alerté.

Eliezer ben Moshé sortit du coffre un cartable en cuir usé, contenant une petite bourse de velours, dont il extirpa une pierre. Lorsqu'il les posa côte à côte, David retint son souffle. L'agate et l'ambre étaient de dimensions identiques, et taillées de façon similaire. En outre, les caractères hébraïques paraissaient tracés par la même main.

Tout allait trop vite. Les pierres, les noms, les inscriptions sur les pierres, Chris, Stacy, le journal. David essayait de mettre de l'ordre dans ses pensées, mais le rabbin continua :

— J'avais l'intention de me rendre en Israël la semaine prochaine, pour y apporter l'ambre, mais votre visite, Yaël, va m'épargner le voyage. Il est impératif que ces deux pierres parviennent en de bonnes mains avant qu'il leur arrive quoi que ce soit. Je compte sur vous.

Ben Moshé tendit les pierres à l'archéologue, mais ses doigts arthritiques les laissèrent s'échapper. Elles roulèrent sous le bureau. David se baissa pour les ramasser. Et se figea.

— Qu'est-ce que c'est que ça ?

Un minuscule micro était fixé sous le bureau.

— Vous enregistrez notre conversation ? hurla-t-il en brandissant l'ambre et l'agate.

L'inquiétude envahit le visage de Yaël, qui s'agenouilla sous le bureau et arracha le micro.

— Ils savent, murmura-t-elle, blême.

Ben Moshé la fixait avec des yeux horrifiés. D'une main tremblante, il fourra le cartable dans les bras de Yaël.

— Vite, emportez-le...

Une détonation couvrit sa voix. David crut tout d'abord à une voiture faisant pétarader son moteur, jusqu'à ce qu'un cri s'élève.

— Courez, rabbi ! hurla le rabbi Goldstein à l'étage inférieur.

De nouvelles déflagrations retentirent et le bâtiment s'emplit de cris. Des pas résonnaient dans l'escalier.

— L'escalier de secours ! Emportez tout, je vous expliquerai plus tard, si Dieu le veut, mais partez maintenant ! ordonna ben Moshé.

Le rabbin verrouilla la porte de son bureau à la hâte. David glissa les deux pierres dans la poche de son pantalon et jeta son cahier rouge dans son sac de voyage alors que Yaël était déjà en train d'ouvrir la fenêtre.

Les 36 Justes

— Passez en premier, adjura David en saisissant le bras du rabbin pour le pousser vers l'escalier de secours.

Le vieil homme se dégagea.

— Non, David, vous partez d'abord, répondit-il calmement. Yaël, emmenez-le à Safed. Il connaît les noms. Il connaît les noms des Lamed Vav.

La jeune femme enjamba le rebord de la fenêtre.

— Suivez-la !

Ben Moshé le poussa derrière elle. Des coups ébranlèrent la porte. Le cœur battant à se rompre, David s'engagea dans l'escalier de secours. La pluie lui cingla le visage. Il tendit la main au rabbin, mais, soudain, la porte vola en éclats et des coups de feu crépitèrent.

— Dépêchez-vous ! hurla Yaël.

Terrorisé, David dévala les marches de fer. Parvenu sur le trottoir, il leva la tête vers la fenêtre ; un colosse blond pointa son arme sur eux. Une balle siffla à leurs oreilles.

David et Yaël s'enfuirent en courant, manquant de renverser une passante chargée de sacs à provisions.

— Pouvez pas faire attention !

Yaël tourna au coin de la rue, David sur ses talons, puis elle traversa la chaussée en se faufilant entre les voitures, provoquant un concert de klaxons. Un coup de feu claqua à nouveau. Le pneu d'un camion UPS éclata et le véhicule hors de contrôle se mit à zigzaguer. L'assassin fonçait maintenant vers eux, son revolver braqué en avant terrorisant les malheureux passants.

— Par là !

David entraîna la jeune Israélienne vers un bus d'où se déversaient des passagers, qu'ils bousculèrent pour monter à bord. À travers les vitres ruisselantes, David vit le blond viser le véhicule avec application :

— Tout le monde à terre ! Il y a un fou qui tire !

Une vieille femme se mit à hurler.

— Démarrez ! lança-t-il au chauffeur.

— Déconne pas, mec, démarre ! rugit un jeune Noir avec des écouteurs dans les oreilles.

Une balle ricocha contre l'arrière du bus tandis que celui-ci s'éloignait du trottoir, soulevant des gerbes d'eau dans son sillage.

— Appelez les secours ! ordonna Yaël au chauffeur en haletant. Il faut envoyer une ambulance au centre Bné Israël.

David se demanda s'il était aussi pâle que la jeune femme. Le cartable de rabbi Eliezer serré sous son bras, il palpa la poche de son pantalon. Les pierres étaient toujours là.

— Merde, le coffre est vide ! Merde ! beugla Enrique tandis que Gillis remontait par l'escalier de secours.

Les sirènes approchaient : il fallait faire vite.

— Le cahier n'est pas là ? Et les pierres ? s'enquit Gillis.

— Shepherd et l'Israélienne ont tout pris.

Enrique avait déjà éventré les tiroirs du rabbin et, alors qu'il renversait les objets placés sur le bureau, il s'interrompit à la vue du nom et du numéro de fax de David Shepherd inscrits sur la première page d'une pile de papiers.

Les 36 Justes

— Et ça ? demanda-t-il à Gillis en lui fourrant la feuille dans les mains.

Gillis esquissa un sourire tandis qu'il parcourait la liste de noms.

— Sanjay ! aboya-t-il dans son téléphone. On a les copies du carnet de Shepherd. On les apporte, avec le disque dur.

— Magnez-vous, les mecs !

Enrique souleva l'ordinateur, arracha les fils de la prise murale, et se dirigea vers la fenêtre. Gillis alluma son briquet, dont il contempla un instant la flamme en songeant à l'avènement imminent du nouveau monde. Puis il embrasa les documents épars sur le sol et se précipita dans l'escalier de secours.

Lorsque les voitures de police s'immobilisèrent dans des crissements de pneus devant le centre Bné Israel, une camionnette de boulanger tournait au bout de la rue, véhicule insignifiant s'éloignant sous la pluie.

Et Sanjay expédiait déjà par courrier électronique un rapport codé en Sicile, où Eduardo Di Stefano, penché devant son ordinateur, déchiffrait avec intérêt chacun des noms affichés à l'écran.

Chapitre 8

Santa Monica, Californie

Dans les gradins, Meredith serra les poings.

Vas-y, marque ! pensa-t-elle très fort en regardant sa fille intercepter le ballon sur la ligne de lancer franc.

Stacy leva brièvement les yeux vers le panier et envoya la balle dans le panneau comme s'il s'agissait de la chose la plus aisée au monde. Pendant un instant, le silence se fit dans le gymnase bondé du collège. Meredith retint sa respiration tandis que le ballon décrivait un arc de cercle avant de retomber dans le panier sous un tonnerre d'applaudissements.

— Bravo ! hurla Meredith à tue-tête lorsque l'arbitre siffla la fin du match.

Meredith jeta un coup d'œil à sa montre. Len ne l'appellerait pas de Stockholm avant une bonne heure.

Elle avait le temps d'emmener Stacy fêter sa victoire au restaurant chinois.

— Pendant que tu prends ta douche, je vais chercher la voiture, ma chérie.

— OK, maman, je me dépêche, je crève la dalle.

— On ira au China Palace. C'est juste à côté.

En sortant de la douche, Stacy attacha ses cheveux mouillés, puis enfila son jean et le tee-shirt rose que David lui avait offert l'été précédent, lorsqu'elle était allée le voir à Washington. Le même jour, il lui avait acheté le bracelet jaune qu'elle portait en permanence pour garder en mémoire la maxime « Viser haut ».

C'était grâce à David qu'elle était aussi douée pour le basket-ball : il l'avait initiée aux premiers rudiments de ce sport quand elle avait cinq ans et, du temps où ils vivaient ensemble, ils s'entraînaient tous les soirs pendant que sa mère préparait le dîner. Après des parties particulièrement âpres, ils s'asseyaient tous les trois sur le porche pour déguster des glaces.

Stacy ajusta la bride de son sac de sport sur son épaule et s'efforça de chasser ses souvenirs. *Il va falloir t'y faire. C'est Len, maintenant, ton beau-père, et il n'aime ni le basket, ni les glaces.*

Lorsque Stacy poussa la porte du gymnase, le sol trembla sous ses pieds.

Encore une alerte sismique ? La veille, elle avait été réveillée par les vibrations d'un tremblement de terre qui ébranlaient son lit. Par chance, il ne s'agissait que d'une petite secousse : 3,6 sur l'échelle de Richter. Rien de bien affolant ! À force, elle avait fini par s'y habituer. Les premiers mois suivant son arrivée à Santa Monica avec sa mère, son cœur faisait des bonds chaque fois que la terre bougeait. À présent, comme les Californiens de souche, elle attendait patiemment la fin des ondes sismiques. Néanmoins, tout le monde disait qu'un jour ou l'autre la côte ouest serait ravagée. C'était flippant.

Comme ce tireur fou à Toronto, ce matin. Combien de personnes avait-il abattues ? Meredith avait éteint le poste de télévision avant qu'on annonce le nombre de victimes, en disant qu'elle ne supportait plus les informations.

Pourquoi n'essaies-tu pas, comme maman, de faire abstraction de toutes ces horreurs ? se demanda-t-elle en se hâtant vers la voiture de sa mère, dans la lumière déclinante de la fin d'après-midi. *Pense aux rouleaux de printemps. Au potage aigre-doux. Au sorbet au gingembre.*

Stacy grimpa à bord et attacha sa ceinture.

– J'ai faim ! proclama-t-elle en insérant un disque d'Alicia Keys dans le lecteur CD.

Raoul Ledoux plia son journal et laissa passer trois voitures entre lui et l'Explorer de Meredith Lachman avant de démarrer. Il avait la certitude que ni la mère ni la fille ne l'avaient remarqué depuis deux jours qu'il les filait.

Un seul hic, dans cette opération : le brouillard. Il faudrait qu'il pense à faire un saut à la pharmacie pour acheter un nouvel inhalateur, se dit-il tout en s'engageant dans l'aire de stationnement qui jouxtait le restaurant chinois où l'Explorer s'était garée.

Les 36 Justes

Le souffle haché, Raoul Ledoux inspira dans son inhalateur tout en regardant Stacy Lachman et sa mère entrer dans le restaurant.

On lui avait ordonné de faire croire à un accident ou à un rapt. Il opterait pour l'enlèvement, plus propre. Stacy Lachman allait disparaître. Comme ce Sierra-Léonais, quatre mois plus tôt. Cette fois, il se débarrasserait du corps dans la vallée de la Mort, sur la route de Vegas. Il faudrait des mois avant qu'on découvre le squelette.

Raoul descendit de sa voiture et pénétra dans le restaurant aux fresques écarlates et à l'éclairage tamisé.

L'adolescente et sa mère ne tournèrent même pas la tête lorsqu'il s'installa près d'elles. Après avoir passé sa commande, il observa la fille qui maniait les baguettes avec habileté.

En souriant, Raoul ajouta deux sucres dans son thé Oolong.

Mange, Stacy Lachman. Demain, tu seras morte.
À moins que ce foutu brouillard ne me tue avant.

Chapitre 9

— Verrouillez la porte, ordonna Yaël tandis qu'ils s'engouffraient dans la chambre 736, au Riverside Tower Hotel. Il faut que je passe un coup de fil...

David lui arracha son mobile des mains.

— Vous allez d'abord me dire qui était ce type. Un membre du Gnoseos ?

— Sans doute de leur escadron de la mort, les Anges Noirs. Donnez-moi mon téléphone, s'il vous plaît, si vous voulez sortir vivant de ce pays.

— Sortir des États-Unis ? Je n'ai même pas mon passeport sur moi.

— Je réglerai ce détail plus tard.

David lui rendit le téléphone, puis se débarrassa de son pardessus trempé. Le miroir lui renvoya un reflet impressionnant : les cheveux plaqués par la pluie, le visage livide. Le choc, probablement. Après l'assassinat de ben Moshé, puis la fusillade et leur cavale en bus, ils avaient sauté dans un taxi. Étaient-ils en sécurité dans cet hôtel ? Que voulait ce colosse blond ?

Ben Moshé avait dit qu'ils cherchaient les noms.
Et l'un des noms était celui de Stacy.

David sortit son portable de sa poche et composa le numéro de sa belle-fille. Quatre sonneries. La messagerie.

— Salut, Stacy, dit-il en s'efforçant de dissimuler son angoisse. Je voulais juste prendre de tes nouvelles. Rappelle-moi !

Il essaya de joindre Meredith, et étouffa un juron en entendant le répondeur.

— Il faut que je te parle de Stacy, tout de suite. C'est très important.

Que lui dirait-il alors ? Comment lui annoncer que le nom de sa fille figurait sur une liste de personnes dont plusieurs étaient mortes ?

Yaël, toujours au téléphone, s'était un peu éloignée pour parler en hébreu à un correspondant inconnu. David ouvrit la vieille serviette de cuir du rabbin, en sortit un livre de prières, un classeur et une piécette de bronze frappée du chiffre huit. Il l'examina de plus près : ce n'était pas un huit, mais deux serpents entrelacés. Il dénicha aussi deux cartes plastifiées, coincées au fond du cartable. Il identifia la première aisément : c'était une carte de tarot. Quant à la seconde, elle arborait une étrange figure géométrique qui représentait dix boules de couleurs différentes reliées par des lignes. L'image lui évoquait une formule moléculaire. Ou les constructions qu'il bâtissait avec ses Supermag quand il était gamin...

Lorsque Yaël mit fin à sa communication, il se ressaisit :

— Maintenant, il me faut les explications sur les noms que contient mon journal. Quel rapport ont-ils avec les manuscrits anciens dont rabbi ben Moshé m'a parlé ?

— Les noms que vous écrivez sont ceux d'êtres exceptionnels que l'on appelle en hébreu les Lamed Vav, les Trente-Six. Le Gnoseos tente de les éliminer.

La terreur s'empara de David. Son intuition ne l'avait pas trompé. Ces accidents n'étaient pas le fruit d'un hasard macabre. *Stacy*...

— J'ai écrit le nom de ma belle-fille dans mon cahier, murmura-t-il, la gorge nouée. Est-elle en danger ?

Yaël le considéra avec compassion.

— Je suis désolée, j'ignorais qu'un membre de votre famille y figurait. En effet, votre belle-fille est en danger, comme tous les Lamed Vav. Elle habite Washington ?

— Non, sur la côte ouest, à Santa Monica.

— Nous devons absolument la protéger. Je vais rappeler Avi...

— Pas question, coupa David. Je connais un garde du corps fiable. En une heure d'avion, il sera à ses côtés.

Yaël haussa les épaules et enleva sa veste.

— Comme vous voudrez, soupira-t-elle. Pendant que vous prenez vos dispositions, je vais préparer du café.

David connaissait le numéro de Hutch par cœur. Ils ne s'étaient pas vus depuis trois ans, mais ils se téléphonaient régulièrement.

« Holà » : la voix familière de Hutch l'invita à laisser un message après le bip.

— Hutch, c'est moi, je suis à New York et j'ai un problème. La vie de Stacy est menacée. J'ai besoin de ton aide.

David n'avait pas oublié ce que ben Moshé avait crié à Yaël dans son dernier souffle, mais il se refusait à fuir en Israël. Pas sans Stacy. Il raccrocha, inspira profondément afin de reprendre ses esprits, puis se carra sur la chaise devant le bureau. Yaël lui tendit une tasse de café avant de s'asseoir sur le lit.

— Vous pourriez commencer par les Lamed Vav, suggéra-t-il calmement.

— Vous connaissez le Talmud ?

— « Connaître » est un bien grand mot. Je crois qu'il s'agit de commentaires rabbiniques portant sur l'Ancien Testament, c'est ça ?

— Bien plus que cela. Le Talmud est, après la Torah, l'ouvrage le plus important du judaïsme, une compilation exhaustive de lois, mais aussi un recueil d'histoire, de philosophie, d'enseignements moraux et de légendes.

Yaël avala une gorgée de café.

— Il comporte soixante-trois traités rédigés entre le IIIe et le VIe siècles par les rabbins les plus éminents. L'un de ces sages, rabbi Abbayé, explique que chaque génération compte trente-six Justes bénis par la *Shékhina*.

— La quoi ?

— La présence divine. Selon la tradition juive, c'est grâce au mérite de ces Justes, les Lamed Vav, que le monde continue de tourner. Leur nom hébraïque « Lamed Vav » vient des lettres *lamed* et *vav*, dont les valeurs numériques sont respectivement 30 et 6.

David secoua la tête.

— Attendez... Vous croyez qu'il n'existe que trente-six personnes méritantes dans le monde entier ?

— En fait, il y en a environ dix-huit mille, répondit

Yaël avec un sourire. Mais l'âme des Lamed Vav a atteint le niveau spirituel le plus élevé. Leur bonté est si grande qu'ils connaissent une union parfaite avec Dieu, tout en résidant ici-bas, aux prises avec la matière.

David arqua un sourcil incrédule.

— En d'autres termes, ils ont une hotline directe avec le Bon Dieu ? Certes, Stacy a un cœur d'or, mais...

— Les mystiques affirment que les Lamed Vav sont des gens comme vous et moi, sans aucun signe distinctif apparent. Eux-mêmes ignorent leur statut. C'est pourquoi tout être humain qui se prétendrait l'un d'eux est forcément un imposteur. Les Trente-Six restent humbles, aident leurs semblables en cachette, sans jamais rechercher les louanges ou les remerciements. De nombreux contes hassidiques mentionnent l'arrivée d'un Lamed Vav dans une ville, la sauvant d'une calamité et disparaissant aussi discrètement qu'il était venu.

La jeune femme posa sa tasse de café.

— Si tous les Lamed Vav d'une génération venaient à mourir, poursuivit-elle, le monde cesserait d'exister. Et il se désintègre déjà, David. N'avez-vous pas remarqué cette escalade dans l'horreur ? Le chaos a-t-il jamais été aussi imminent ?

Une migraine pulsait aux tempes de David, qui se leva et s'approcha de la fenêtre. Des torrents s'écoulaient le long des trottoirs. Un éclair zébra le ciel, suivi d'un coup de tonnerre qui ébranla les vitres.

Les séismes en Turquie, l'explosion dans le port de Dayyer, l'attentat terroriste à Melbourne, les cyclones dans l'Atlantique, les glissements de terrain au Chili... C'est insensé.

Il se retourna vers Yaël, dont les yeux verts s'étaient assombris.

— David, je dois vous emmener en Israël, à Safed.

— Je ne vais nulle part, sauf à Santa Monica.

— Les kabbalistes de Safed ont besoin de votre journal, de votre esprit. Ils décodent des lambeaux de papyrus arrachés au sable, des fragments du livre qui contient les noms de toutes les créatures que la Terre portera jamais, y compris les noms secrets des Lamed Vav. Mais vous, David, vous avez tous les noms. Dans votre tête.

— Si Stacy est l'une des trente-six Justes...

La voix de David se brisa.

— Nous ne pouvons pas attendre que ce Hutch vous rappelle, déclara Yaël. Je vais dépêcher une équipe qui protégera votre belle-fille. Mon... contact, Avi Raz, dispose des meilleurs services de sécurité et de renseignement d'Israël. Il porte bien son nom.

— De quoi parlez-vous ?

— En hébreu, Raz signifie « secret ». Je ne peux pas en dire plus sur sa mission et ses qualifications.

La sonnerie du téléphone de David interrompit ces considérations. Il s'empara de l'appareil en espérant que le nom de Stacy s'afficherait à l'écran.

Hutch.

— David, j'ai eu ton message. Quel est le problème avec Stacy ?

— Meredith et elle sont en danger. Tu te rappelles où elles habitent, à Santa Monica ? Sors-les de Californie et planque-les en lieu sûr.

— Mais qu'est-ce qui se passe ?

— Stacy figure sur une liste de cibles potentielles. Elle est traquée par une espèce de secte religieuse.

Malgré les kilomètres qui le séparaient de Hutch, David pouvait presque palper l'incrédulité de son ami.

— Dépêche-toi, ajouta-t-il.

— Deux agents du Mossad prendront l'avion dès ce soir, annonça Yaël dès que David referma son téléphone. Ils rejoindront votre garde du corps et organiseront la protection de votre belle-fille. En attendant, partons pour Safed au plus vite.

— Il n'en est pas question. Je veux voir Stacy.

— Bon sang, réfléchissez, David ! Si vous rejoignez Stacy, vous mènerez le Gnoseos droit à elle.

Les tempes de David palpitaient. Les coups de feu retentissaient encore dans son esprit. Et si Yaël avait raison ?

— Vous l'aiderez davantage à Safed que n'importe où ailleurs. Et plus tôt nous y serons, mieux ce sera. Occupons-nous maintenant de votre passeport. Qui est en mesure de vous le faire parvenir d'ici à demain matin ?

Chapitre 10

Eva Smolensky traîna l'aspirateur dans l'escalier en ronchonnant, puis le tira dans le bureau du professeur Shepherd. Elle étouffa un juron à la vue des journaux qui s'étaient amoncelés depuis la semaine précédente. Le professeur Shepherd lui avait demandé d'ouvrir la maison au père Dillon McGrath, qui devait passer. Puisqu'elle était là, elle ferait le ménage.

Ranger le bureau du professeur Shepherd n'était pas une sinécure. Certes, c'était un jeune homme charmant, mais la notion d'ordre lui était étrangère. Eva secoua la tête et s'empara d'un sac-poubelle. La pièce serait présentable avant l'arrivée du père McGrath.

Eva avait dépassé l'âge de la retraite, mais elle travaillait encore pour une poignée d'employeurs qu'elle affectionnait. Dans un an, peut-être, elle profiterait d'un repos bien mérité. Elle se baissa péniblement pour brancher la prise de l'aspirateur. Elle avait laissé la porte d'entrée ouverte pour le père McGrath, au cas où le vrombissement de l'appareil couvrirait le timbre de la sonnette.

Soudain, un bip insistant retentit. Le sèche-linge. En soupirant, elle se dirigea d'un pas traînant vers la buanderie. Il fallait se hâter de suspendre les chemises sur des cintres avant qu'elles ne se froissent.

Eva perçut des pas dans le couloir.

— Père McGrath ? appela Eva.

Elle jeta un coup d'œil dans la cuisine, puis leva la tête vers l'escalier.

— Mon père ?

Seul le silence lui répondit. Décidément, elle se faisait vieille. En haussant les épaules, elle ouvrit le sèche-linge.

La chemise à rayures bleu ciel du professeur Shepherd était encore chaude lorsque ses manches s'enroulèrent autour du cou ridé d'Eva.

S'il ne faisait pas si chaud, songea Stacy, *je sortirais de la piscine pour mettre la musique à fond.*

Le rire de Meredith lui parvint depuis la fenêtre du salon. Exaspérée, Stacy nagea jusqu'au bord de la piscine, sortit du bassin et se dirigea vers la chaise longue où elle avait laissé son téléphone, sa crème solaire et sa serviette. Son soda était chaud, mais elle en but quand même quelques gorgées en montant le volume du lecteur de CD.

Enfin tranquille.

Le soda lui ressortit par les narines tandis qu'on l'empoignait par-derrière. La canette voltigea. Une main se plaqua contre son nez et sa bouche. Elle essaya de crier, de se débattre, mais un bras musclé la souleva de terre.

« Maman ! » tenta-t-elle de hurler. Mais Stacy était incapable de crier. Elle ne pouvait même pas respirer. Des étoiles dansaient déjà devant ses yeux. Elle avait beau tenter de se libérer avec force coups de pied, son assaillant était trop fort. Il ouvrit la portière arrière de la fourgonnette blanche, d'une seule main. *Ne tombe pas dans les pommes* ! s'ordonna-t-elle. Rassemblant toute son énergie, elle écarta les mâchoires et planta ses dents dans les doigts pressés contre ses lèvres.

Par réflexe, l'homme relâcha son étreinte et Stacy s'enfuit à toutes jambes.

– Au secours ! hurla-t-elle tout en courant.

Le chien du voisin aboya comme un damné tandis que la fourgonnette démarrait en trombe.

א׳

Chapitre 11

Par bonheur, Dillon McGrath répondit à son appel aussitôt.

— Tu as mon passeport, Dillon ? s'enquit David d'une voix anxieuse.

— Non, je ne l'ai pas trouvé. Il n'était pas dans le tiroir où tu pensais, ni dans aucun autre. Je sors à peine de chez toi, et il est introuvable.

— Cherche encore. Je suis sûr qu'il est dans mon bureau.

— J'ai regardé partout, je t'assure. Eva n'était pas là, non plus, mais la porte n'était pas verrouillée et j'ai pu entrer.

— Quelqu'un s'est introduit chez moi ! rugit David. On m'a volé mon passeport !

— Ça m'étonnerait. Tout était en ordre. À part l'aspirateur qui traînait au milieu de ton bureau.

— Ce n'est pas dans les habitudes d'Eva d'oublier de ranger l'aspirateur. Et encore moins de ne pas fermer la porte à clé.

— David... Tu as toujours l'agate ?
— Oui, et l'ambre. Ben Moshé me l'a confiée juste avant...

Dillon ferma les yeux.

— David, j'espère que tu comprends l'importance de ces pierres. J'aimerais t'aider, tu sais, mais je dois m'absenter quelques jours. En cas de besoin, laisse-moi un message au bureau. J'interrogerai mon répondeur régulièrement.

Il marqua un temps d'hésitation avant d'ajouter :

— Sois prudent, David.

David raccrocha et se tourna vers Yaël.

— Mon passeport a disparu, l'informa-t-il. Hutch n'a pas rappelé et je ne sais pas où est Stacy. Et vous, ça va ?

Pour toute réponse, la jeune femme désigna la télé. Des images du tremblement de terre en Turquie défilaient sur l'écran muet.

— Nous ne sommes pas les plus mal lotis, répliqua-t-elle. Avi Raz peut vous fournir un faux passeport, mais ça risque de prendre quelques jours.

— J'ai une meilleure idée, annonça David. Un ami me procurera un vrai passeport d'ici demain matin.

— Quel ami ?

— Parfois, ça a du bon d'être fils de sénateur.

Il composa le numéro de Judd Wanamaker, ambassadeur des États-Unis en Égypte. Autrefois sénateur, il avait soutenu le père de David pour un projet de loi de protection de l'environnement avant de devenir son meilleur ami. Jusqu'à ce que le père de David s'écroule dans un couloir du Sénat, terrassé par un infarctus.

83

— On a de la chance, déclara David en raccrochant. Judd est à New York, pour une visite à l'ONU. Il propose un dîner dans un restaurant japonais, pas très loin d'ici, qui met à notre disposition un salon privé où nous pourrons discuter tranquillement. Je le retrouve là-bas dans une heure.

— Je vous accompagne, évidemment, précisa Yaël en étalant le contenu du cartable du rabbin sur le dessus-de-lit fleuri. En attendant, jetons un coup d'œil à tout ça. Vous avez trouvé quelque chose d'intéressant, tout à l'heure, dans le cartable ?

— Non... Et vous, dans le classeur ? rétorqua David, tout en remarquant que la jeune femme était aussi observatrice qu'attirante.

— Ce sont des notes sur le Gnoseos, concernant notamment leur obsession du secret. On ne sait pas grand-chose de leurs croyances et de leurs rites, car ils se transmettent leur tradition oralement, et ils utilisent des symboles et des talismans secrets pour s'identifier.

Yaël croisa les jambes en tailleur sous sa longue jupe. Son front se plissa.

— Rabbi ben Moshé était très inquiet, poursuivit-elle. Il redoutait que le Gnoseos ne soit sur le point d'atteindre son but. Mais il gardait la foi et précise dans ses notes que Dieu nous révélera comment les vaincre.

La foi était un sentiment étranger à David. Sa formation universitaire et l'étude des systèmes politiques l'empêchaient de croire en quoi que ce soit aveuglément. Sa sensibilité le portait d'instinct vers la réflexion, l'analyse et la critique, et non pas vers les prières, les sermons ou les histoires de la Bible. Et pourtant, aujourd'hui, l'inexplicable lui semblait presque logique.

— A-t-il fait référence à la carte de tarot ? questionna David. C'est étrange qu'un kabbaliste en possède une ; je suis pratiquement certain que la Torah interdit les sciences occultes. Un copain pratiquant, à la fac, réprimandait l'une de nos amies, juive elle aussi, quand elle lisait son horoscope quotidien.

— Hum. La Torah interdit la divination, mais la mystique juive inclut l'astrologie. En Israël, les vestiges des maisons et des synagogues, surtout entre le Ier et le IVe siècle, sont presque tous décorés de zodiaques.

Yaël examina la carte avec attention. Le verso représentait une tour crénelée d'où des personnages tombaient la tête la première. Le haut de l'édifice était en flammes, décapité par la foudre qui déchirait un ciel d'encre. Au recto de la carte figuraient deux serpents entrelacés ; dans l'angle inférieur gauche était inscrit le nombre 471.

La Maison Dieu

— Je me demande pourquoi rabbi ben Moshé gardait cette carte, murmura Yaël. Même s'il est évident que le tarot dérive directement de la Kabbale.

Plus rien ne peut me surprendre, songea David, alors que Yaël désignait la deuxième carte plastifiée.

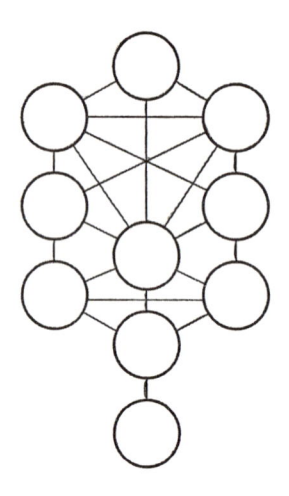

— Voici l'Arbre de vie de la Kabbale, expliqua Yaël.
— Et moi qui croyais que c'étaient des molécules !
En réprimant un petit sourire, elle secoua la tête.
— C'est un arbre symbolique, bien sûr. Chacune de ces dix sphères, ou séfirot, correspond à un attribut divin. Je suis archéologue, David, donc rationaliste jusqu'à la moelle, mais je suis fascinée par ces concepts mystiques.

Aux yeux de David, les sphères restaient des molécules.

— Quel rapport avec le tarot ? Et avec le Gnoseos ? demanda-t-il sur un ton légèrement sarcastique.

— Avec le Gnoseos, je ne sais pas. En ce qui concerne la Kabbale et le tarot, un occultiste français du XIXe siècle, Éliphas Lévi, a analysé leurs similitudes.

Yaël s'interrompit, cherchant les mots les plus simples possibles.

— Imaginez, David, que chacun de ces cercles est un « récipient » de lumière divine. Les mystiques pensent que Dieu a créé l'univers en versant de la lumière dans ces « récipients » et en les brisant ensuite. Les étincelles se sont éparpillées, et ont répandu la lumière divine dans le monde.

— Le Big Bang, autrement dit ?

— Pas exactement. Je peux continuer ?

Son expression studieuse rappela à David l'une de ses institutrices de primaire, Mme Karp. Il étira les épaules. Partie de la nuque, une tension diffuse gagnait tout son corps.

— Bien, reprit Yaël. Les étincelles sont obscurcies par une écorce, et notre tâche à nous, humains, est d'ôter ces écorces, afin que la lumière divine éclaire à nouveau le monde.

Elle se leva et se remit à arpenter la chambre.

— Ne cherchez pas trop à comprendre, David. La Kabbale est extrêmement complexe et nécessite des années d'étude approfondie. C'est pour cette raison que son enseignement est resté confidentiel.

— Les kabbalistes ont des points communs avec le Gnoseos, remarqua David.

— Le secret, en effet. Ainsi que la volonté de toucher le mystère divin. En revanche, la Kabbale enseigne une vision du monde radicalement différente. Elle nous enjoint à restaurer la lumière, à recréer le monde en sa perfection, et non à le détruire.

— J'ai quand même retenu quelques trucs de mes dimanches matin au Talmud Torah. *Tikkoun olam*. Le devoir d'améliorer le monde.

— Exactement. Et voilà une autre différence. Les membres du Gnoseos inculquent à leurs enfants, dès le plus jeune âge, l'idée que le monde matériel est mauvais, alors que la Kabbale, traditionnellement, n'est enseignée qu'aux hommes mariés de plus de quarante ans et versés en Torah.

— Madonna est donc disqualifiée !

— Comme tous ceux qui considèrent la Kabbale comme une religion branchée.

— Je n'ai pas encore quarante ans, et je ne suis plus marié, enchaîna David, mais j'aimerais bien savoir en quoi cet arbre est lié au tarot.

— Nous y sommes presque, dit Yaël en tendant la carte à David. Les dix séfirot, les dix cercles, représentent des niveaux de spiritualité. Les vingt-deux lignes qui les relient sont les chemins qui rapprochent de la connaissance divine.

David se frotta les tempes. Sa migraine empirait.

— OK.

— Dix séfirot, vingt-deux chemins, et vingt-deux lettres dans l'alphabet hébreu. Il se trouve que l'arcane majeur du tarot comprend vingt-deux lames et que le chiffre dix...

Yaël s'interrompit et regarda David, qui se tenait la tête à deux mains.

— Ça va ? lui demanda-t-elle.

Sans attendre de réponse, elle alla remplir un verre d'eau dans la salle de bains.

Luttant pour garder les yeux ouverts, David consulta sa montre. Il était temps de rejoindre Judd au restaurant. Et toujours pas de nouvelles de Stacy. Yaël lui tendit le verre avec un air soucieux.

— Foutu mal de tête... marmonna-t-il.

Et tout d'un coup, il se leva comme un ressort, ouvrit son sac et en sortit son journal.

Percy Gaspard.

Il saisit un stylo sur le bureau, tourna fiévreusement les pages de son cahier, et griffonna le nom. Yaël se pencha par-dessus son épaule tandis qu'il inscrivait la date.

— J'appelle Avi, décréta-t-elle. Il vérifiera s'il s'agit d'un des noms que nous avons déjà transcrits, et où se trouve Percy Gaspard.

Sans doute sur la liste des cibles à éliminer, s'il n'est pas déjà mort... songea David.

David se rendit dans la salle de bains et s'aspergea le visage d'eau fraîche. Puis il inspira profondément et se dirigea vers la porte.

— Prête à affronter le déluge ?

יב

Chapitre 12

Dégarni, trapu, avec une barbe grise soigneusement taillée et un nez imposant, Judd Wanamaker ressemblait au Père Noël. Le sénateur Shepherd aimait à répéter que si son ami délaissait un jour la politique, une formidable carrière de chauffeur de taxi l'attendait : il conduisait comme un cinglé, connaissait des milliers de blagues, et ne se lassait jamais de les raconter.

— Je vous recommande le *sanma shioyaki*, conseilla le diplomate dès que Yaël et David furent installés sur le tatami. C'est du maquereau salé et grillé, servi avec du daïkon fraîchement râpé, insista Judd. Un délice. Ted Kennedy me l'a fait découvrir, il y a cinq ans ; je me suis tellement régalé que je suis revenu le lendemain.

Yaël se cala contre le coussin de paille de riz et ouvrit un menu.

— Judd s'enthousiasme autant pour la gastronomie que pour la diplomatie, plaisanta David avant de se tourner vers l'ambassadeur. Comment va Katherine ?

Elle collecte toujours des fonds pour l'Orchestre symphonique ?

— Plus que jamais, répondit Judd. Katherine est vraiment douée. Vous devriez essayer le maquereau, mademoiselle Harpaz.

— Après cette journée éprouvante, cela me paraît risqué, répliqua Yaël avec un sourire en guise d'excuse. Je me contenterai du *kitsune udon*.

Enfin, le serveur s'éclipsa, en tirant derrière lui les portes coulissantes du salon privé, et David se détendit légèrement.

— Judd, je ne t'aurais pas dérangé si j'avais une autre solution. Mais je dois quitter le pays demain, et j'ai perdu mon passeport.

— Tu pars pour affaires ou pour le plaisir ?

— Pour affaires.

La réplique sonna plus sèchement que David ne l'aurait voulu.

— Ça a l'air important, commenta l'ami de son père.

— Je ne t'aurais pas dérangé pour une broutille.

— Tu ne me déranges pas, David. C'est un plaisir pour moi de te rendre service. Présente-toi au siège de l'ONU demain matin à la première heure ; ça ne devrait pas poser de problème.

— Merci, Judd.

— Ton père aurait agi de même pour l'un de mes enfants.

Le serveur revint avec un plateau chargé de sushis et de sashimis. La conversation prit un tour plus léger et plus familial, tandis que Yaël picorait dans un bol de nouilles sautées au tofu.

Jill Gregory - Karen Tintori

Bien évidemment, Judd demanda des nouvelles de Stacy.

— Je lui ai parlé la semaine dernière, répondit David en tentant de masquer son anxiété.

— Il y a un problème, David ? Stacy n'est pas malade, au moins ?

— Non, mais elle est danger, Judd.

L'ambassadeur posa ses baguettes et observa David de ce regard intense qui avait intimidé plus d'un sénateur.

— Je te le répète, tu peux compter sur moi.

David et Yaël échangèrent un regard. Elle haussa discrètement les sourcils, réponse qu'il interpréta comme un feu vert.

— As-tu entendu parler du Gnoseos ? commença-t-il.

Sa journée avait commencé comme d'habitude, et soudain, tout avait basculé. En une minute, Meredith était devenue une autre femme, une fugitive, rongée par la frayeur de perdre Stacy, qui dormait maintenant sur la banquette arrière de l'Explorer.

— On arrive bientôt à Flagstaff ? chuchota Meredith en se penchant vers Hutch qui conduisait.

— Dans trois heures, annonça-t-il en lui adressant un sourire dans le rétroviseur. Besoin d'une pause ?

— Non, ça peut attendre. Passons d'abord la frontière de l'État.

— Essayez de dormir un peu. Je vous réveillerai quand nous serons en Arizona. Là où je vous emmène, personne ne nous trouvera.

Les 36 Justes

Lorsque David s'arrêta de parler, Judd Wanamaker scruta les visages tendus de David et de Yaël.

— On est en pleine science-fiction, David, lâcha-t-il enfin. Des Justes cachés, des sectes secrètes qui veulent détrôner Dieu...

— Et anéantir le monde, compléta Yaël.

Judd soupira.

— Cette histoire paraît complètement folle, je sais, répondit David, mais le danger est bien réel. Le Gnoseos et les Anges Noirs ont voulu nous tuer.

— Vous ne croyez ni l'un ni l'autre que le Gnoseos cherche à détruire le monde, insista Yaël. Mais regardez par la fenêtre. Ce n'est pas un orage normal. Partout dans le monde, tout se dérègle, tout va de travers. Ce n'est pas un hasard.

— Je devrais peut-être alerter le Président, railla Judd.

David sortit son journal de son sac.

— Et lui lire ça, ordonna-t-il en tendant le cahier rouge à l'ambassadeur.

Judd chaussa ses lunettes :

— Une liste de noms ?

— Tu te rappelles quand je suis tombé de ce toit avec Chris Mueller et Abby Lewis ? Pendant que j'étais cliniquement mort, à l'hôpital, j'ai vécu une expérience bizarre. J'ai vu les gens à qui appartiennent ces noms, ils m'ont parlé, ils m'ont demandé de me souvenir d'eux.

Judd fronça les sourcils.

— Et quel rapport avec ton passeport ?

— David doit rencontrer des kabbalistes à Safed, intervint Yaël. Il détient peut-être la clé pour contrecarrer les plans du Gnoseos.

Elle coula un regard en direction de David avant d'asséner :

— S'il reste aux États-Unis, le Gnoseos le tuera.

Ni sa remarque, ni son ton définitif ne détournèrent David de son angoisse première : pourquoi diable ni Hutch, ni Meredith, ni Stacy ne donnaient-ils de nouvelles ? Il consulta son téléphone portable par acquit de conscience. Quatre appels en absence.

— Excusez-moi, marmonna-t-il en écoutant sa messagerie. Oh, mon Dieu... On a essayé d'enlever Stacy, et elle a réussi à échapper à son ravisseur.

Judd se leva, le front plissé par l'inquiétude.

— Elle n'a rien ? Ils ont prévenu la police ?

— En ce moment même, Hutch l'emmène en Arizona avec Meredith. Stacy va bien, mais elle est terrifiée.

David consulta Yaël, la mâchoire contractée :

— L'équipe d'Israël arrive bientôt ?

— Demain. Je me renseigne sur l'heure exacte, répondit-elle en se levant pour téléphoner dans un coin de la pièce.

— Je serai à l'ONU demain matin tôt, conclut David. Que tu croies ou non à ce que je t'ai raconté, Judd, j'ai besoin de ce passeport.

— Je suis un homme de parole, tu le sais. Tu l'auras. Mais... toute cette histoire me paraît tellement...

— Non ! cria Yaël.

Les 36 Justes

Les deux hommes se tournèrent aussitôt vers la jeune archéologue. Les larmes aux yeux, livide, elle referma son mobile :

– Les deux moteurs de leur avion ont lâché simultanément au-dessus de l'Atlantique. Impossible qu'il s'agisse d'une coïncidence.

י״ג

Chapitre 13

David et Yaël quittèrent le restaurant sous une pluie battante, avec de l'eau jusqu'aux chevilles. Les rares véhicules qui circulaient soulevaient des gerbes d'eau, et aucun taxi n'était en vue.

À quelques rues du restaurant, le regard de David fut attiré par une enseigne sur laquelle était peint un œil rouge. Une cartomancienne.

– Venez, ordonna-t-il, j'ai une idée.

Ils dévalèrent les marches qui menaient à un appartement en sous-sol. Un curieux mélange d'ail et de vanille imprégnait la pièce poussiéreuse. Un rideau de perles dorées s'écarta, livrant passage à une vieille femme vêtue d'une jupe noire et d'une tunique violette brodée.

La cartomancienne s'assit devant la table ronde, sur laquelle se trouvaient une bougie éteinte et une boîte d'allumettes, puis, sans cérémonie, elle prit un jeu de tarot.

– Bienvenue à tous les deux. Avec ce temps de chien, je n'attendais pas de clients et je suis d'autant plus ravie de vous recevoir. Lequel d'entre vous désire connaître son avenir ?

— En fait, nous aurions besoin de quelques renseignements, déclara David en tirant une chaise pour Yaël et en s'asseyant à côté d'elle.

— Les cartes vous renseigneront, répliqua la vieille dame en lui tendant le paquet. Voulez-vous bien les battre ?

David fouilla dans son sac et en extirpa la carte de tarot d'Eliezer ben Moshé. L'air contrarié, la voyante prit la carte que David lui tendait et l'étudia.

— La Maison Dieu. Que voulez-vous savoir au juste ?

— On les a repérés ! déclara James Gillis à Enrique.

Ce dernier bondit sur ses pieds et attrapa les clés de la camionnette. Gillis lui emboîta le pas.

— Nous partons à l'instant même, dit-il dans son téléphone portable, en remontant son col pour se protéger de la pluie.

Tandis qu'ils se hâtaient vers leur véhicule, il raccrocha et exposa rapidement la situation à son partenaire :

— Ils sortent à l'instant même d'un restaurant japonais, le Yotsuba.

La cartomancienne posa la carte face à elle sur la table :

— La Maison Dieu fait partie des lames majeures. Il

s'agit de la carte la plus néfaste du tarot. Elle annonce la mort, la destruction, la peur et le sacrifice.

Du bout de l'ongle, elle traça les contours des personnages tombant de la tour.

— Une chute conduisant à la révélation de l'ultime vérité, ajouta-t-elle en se renversant en arrière.

— Quoi d'autre ? intervint David.

La vieille femme se dirigea vers une étagère, où elle prit un gros volume qu'elle ouvrit sur la table. Rapidement, elle en tourna les pages, puis commença à lire en tenant le livre très près de ses yeux voilés : « La Maison Dieu est gouvernée par Mars, la planète guerrière, ce qui en fait une carte associée à la guerre. Une guerre opposant des entités bâties sur le mensonge. Et... un éclair aveuglant de vérité », conclut-elle en désignant les flammes qui s'échappaient du haut de la tour.

Elle posa le livre et fixa ses visiteurs.

— Lorsqu'un client tire cette carte, je lui prédis une révélation susceptible d'ébranler des croyances profondément ancrées.

Des croyances profondément ancrées. Le tonnerre gronda à nouveau ; la lumière s'éteignit. Avec un soupir résigné, la cartomancienne craqua une allumette et alluma la bougie qui flottait dans une coupelle d'eau.

— Voilà, murmura-t-elle calmement.

Des effluves de vanille montèrent de la flamme. Yaël, d'une voix ferme, reprit le fil de la conversation :

— Cet ouvrage traite-t-il des rapports entre le tarot et la Kabbale ?

Dans la pénombre, la vieille femme hocha la tête.

– Bien sûr. Toutes les sources ne concordent pas, mais, pour ma part, je suis convaincue qu'un lien existe. Les similitudes sont fort nombreuses.

Elle poussa le livre vers David.

– Tenez, vous avez une meilleure vue que moi.

– Nous savons déjà qu'il y a vingt-deux lames dans l'arcane majeur et vingt-deux lettres dans l'alphabet hébraïque, dit-il en tournant les pages illustrées jusqu'à l'index.

Il se reporta à la page indiquée et lut à voix haute :

– Le tarot est le pendant de l'Arbre de vie kabbalistique. L'Arbre de vie est constitué de dix séfirot, et chaque suite de l'arcane mineur du tarot comprend dix lames numérotées. De plus, les quatre mondes mystiques de l'Arbre de vie (la terre, l'air, l'eau et le feu) correspondent aux quatre familles du tarot : les deniers, les épées, les bâtons et les coupes.

– D'un autre côté, commenta la cartomancienne, de nombreux auteurs prétendent que le tarot n'a rien à voir avec la Kabbale, mais qu'il nous viendrait des Sarrasins. Certains affirment aussi que le tout premier jeu de tarot aurait été introduit au milieu du XVe siècle par les gnostiques.

– Vraiment ? fit David en examinant la carte de la Maison Dieu.

– Regardez le double ouroboros dans le coin.

Yaël se pencha vers les deux serpents formant un huit.

– Ouroboros, c'est du grec, n'est-ce pas ?

– Oui, ça signifie « qui se mord la queue ». Ce double serpent s'appelle le Grand Serpent du monde. Pour les gnostiques, il symbolise le cycle éternel de la mort et de la renaissance.

— La mort et la renaissance, répéta Yaël. La destruction et le renouveau.

L'averse semblait s'intensifier au-dehors. La pluie qui claquait contre la porte comme une grêle de balles masqua le bruit des pas dans l'escalier.

— Vous avez beaucoup de questions, observa la vieille femme. Les réponses se trouvent peut-être dans les cartes.

Avec un sourire engageant, elle tendit le jeu à Yaël, qui se leva en secouant la tête. Au même moment, David perçut du mouvement derrière le rideau de perles.

— Allons-nous-en ! hurla-t-il en poussant Yaël vers la porte.

Deux hommes se ruèrent dans la pièce. Le blond qui avait tué ben Moshé projeta la cartomancienne contre le mur. Un brun de stature imposante arma son revolver. Une balle siffla à l'oreille de David, mais il était déjà dehors.

L'obscurité joue en notre faveur, songea David en prenant Yaël par la main. Derrière eux, des pas claquaient sur le bitume mouillé.

— Par là, indiqua Yaël en entraînant David sous un escalier.

Accroupis dans l'eau qui leur arrivait aux genoux, tapis dans l'ombre tels des rats dans un caniveau, ils s'efforcèrent de comprimer leur respiration haletante. La peur au ventre, David glissa la main dans sa poche. Dieu merci, les pierres étaient toujours là.

Juste au-dessus d'eux, au niveau du trottoir, des

semelles firent gicler de l'eau. Ils attendirent encore une longue minute avant de regagner l'hôtel en rasant les murs.

Le courant n'était toujours pas rétabli, immobilisant les ascenseurs.

– Heureusement qu'on n'est pas au quarante-huitième étage, marmonna David tandis qu'ils montaient les marches dans le noir absolu.

Chapitre 14

Dans la cabine de l'avion, la plupart des passagers s'étaient assoupis. Dillon, lui, ne parvenait pas à se détendre tant il était impatient d'atterrir à Glasgow. Il n'avait pas revu Mgr Ellsworth depuis cette conférence à Rome, la semaine de Pâques, des années auparavant. L'évêque l'avait complimenté pour son dernier livre, et lui avait longuement parlé de son diocèse et de l'instauration de cours de catéchèse destinés aux adolescents défavorisés.

Dillon se renversa contre le dossier de son siège et pensa au rubis qu'Ellsworth portait au doigt ce jour-là. Tandis que l'ecclésiastique faisait des gestes enthousiastes, sur la *piazza*, la pierre scintillait de mille feux sous le soleil. Une pierre taillée en cabochon, qui ressemblait étrangement à celle que David possédait.

Casa della Falconara, Sicile

Le majordome du Premier ministre s'avança sur la terrasse de la villa où Di Stefano et son épouse, en peignoir de soie, savouraient leur petit déjeuner, composé comme à l'accoutumée de *biscotti* et de *cappuccinos*.

— *Scusi, signore e signora...* dit-il en s'approchant du Premier ministre. Un jeune homme du village demande à vous voir. Il dit que sa mère a été cuisinière, ici, et je me souviens effectivement de cette femme. Il prétend que vous êtes le seul à pouvoir l'aider.

Di Stefano ferma son journal et le posa à côté de son assiette :

— Faites-le entrer, Carlo.

Une vive inquiétude se lisait sur le visage de Mario Bonfiglio.

— *Mi dispiace*, excusez-moi, *eccellenza*. Je ne me serais pas permis de vous importuner si je n'étais pas aussi désespéré. La police, ils ne font rien, ils ne savent rien. La famille de ma fiancée et moi-même vivons dans l'angoisse.

— Votre fiancée ?

— *Si*, mon Irina. Nous devions nous marier la semaine dernière. Mais elle a disparu. Son père l'a envoyée à la poste et elle n'est jamais revenue. Nous l'avons cherchée partout, *signore*, dans les fermes, dans les champs, partout. Les carabiniers s'en fichent. Ils rigolent et ils me disent qu'elle est partie avec un autre.

— Que puis-je faire pour vous, mon ami ?

— Demandez à la police de faire des recherches, *eccel-*

lenza, et de signaler sa disparition. Je vous en prie, si c'est vous qui le leur dites, ils nous aideront à la chercher.

Mario Bonfiglio leva des mains implorantes vers l'épouse du Premier ministre, qui reposa sa tasse de café.

– *Signora*, il lui est arrivé quelque chose. Irina ne m'aurait jamais quitté.

– L'amour est parfois inconstant, jeune homme. Et l'amour s'enfuit, parfois, répliqua la première dame avec indifférence.

– Je suis navré pour vous, intervint le Premier ministre. Si vous voulez bien me laisser votre nom et celui de votre fiancée, ainsi que la date à laquelle elle a disparu, j'ordonnerai à la police d'ouvrir une enquête, et je veillerai personnellement à ce que tous les villages des environs soient passés au peigne fin.

Di Stefano se leva et lui tendit la main. Mario la lui serra avec gratitude.

– Que Dieu vous bénisse, *signore*, que Dieu vous bénisse.

En se tournant vers le majordome qui l'attendait pour le raccompagner, il manqua renverser une chaise.

Di Stefano prit la feuille que Mario avait laissée sur la nappe et regarda les mots tracés d'une écriture maladroite. Puis il sortit un briquet en argent de la poche de son peignoir, contempla un instant le double ouroboros gravé dessus, et réduisit en cendres les espoirs de Mario Bonfiglio.

Les 36 Justes

Flagstaff, Arizona

Hutch posa la poêle sur le brûleur et alluma le gaz. Il cassa des œufs et ajouta des tranches de lard. À plusieurs reprises, il avait entendu Stacy crier dans son sommeil. Chaque fois, Meredith l'avait apaisée. Il était presque midi, maintenant, et aucun son ne parvenait de la chambre d'amis. Il avait essayé de joindre David pour le rassurer, en vain.

CNN expliqua les raisons de cette indisponibilité :
« ... les cinq districts de New York et certains quartiers du New Jersey sont encore privés d'électricité, à la suite de l'orage sans précédent qui s'est abattu hier soir sur la côte est. Les précipitations ont atteint jusqu'à trente centimètres. La principale centrale électrique de New York a été frappée par la foudre, d'où une panne de courant d'une ampleur similaire à celle qu'avait connue la ville en août 2003. Le réseau téléphonique a également été coupé et, selon les autorités, il faudra plusieurs semaines, une fois le courant rétabli, pour pomper l'eau qui a inondé les tunnels du métro... »

Hutch transféra ses œufs dans une assiette. Sans nouvelles de David, il n'y avait rien d'autre à faire que de rester en sécurité au bungalow.

— Ça sent le brûlé.

Stacy se tenait sur le seuil de la cuisine, ses cheveux mi-longs en bataille, les yeux rougis.

— Les incendies sont loin d'ici, cocotte, ne t'en fais pas. C'est à cause du vent que ça sent la fumée.

Qu'est-ce que tu veux pour ton petit déjeuner ? Des œufs ? Des céréales ?

— Je veux parler à David, répondit-elle.

Moi aussi, pensa Hutch. Il désigna l'écran de la télévision, où l'on voyait des New-Yorkais patauger dans les rues inondées.

— Il m'a téléphoné hier de Brooklyn. Dans la soirée, une énorme tempête a ravagé New York. L'électricité et le téléphone ont été coupés. Même les portables ne marchent plus.

— Je ne comprends pas, intervint Stacy d'une petite voix apeurée. Des incendies ici, des inondations à New York... Je ne comprends pas pourquoi Dieu laisse tout ça se produire.

— Je ne sais pas grand-chose de Dieu, décréta Hutch, mais je m'y connais en petit déjeuner. Brouillés, pochés, sur le plat, jeune fille ?

— Brouillés, répondit-elle.

Et elle se campa devant la fenêtre pour considérer la fumée qui obscurcissait l'horizon.

Chapitre 15

Il fallut deux bonnes heures de marche à David pour atteindre l'ONU. Les New-Yorkais se pressaient dans les rues encore inondées, à la recherche de commerces ouverts et de distributeurs de billets qui résistaient au black-out.

David jura en constatant que le siège des Nations unies était fermé. Il maudit son mobile inutilisable qui l'empêchait de joindre Judd. Énervé, fatigué et dépité, il reprit le chemin de l'hôtel.

Il rejoignit malgré tout la file d'attente devant une boulangerie.

— Les pâtisseries datent d'hier, précisa le commerçant lorsque son tour arriva d'être servi. Trois pour le prix d'une. Quand j'aurai tout vendu, je ferme la boutique.

David acheta six muffins, un cake et une grande bouteille de soda. *Comment les Anges Noirs nous ont-ils retrouvés ?* ressassait-il en marchant. *Notre visite chez la cartomancienne était un simple hasard, alors ils ont dû nous suivre depuis le restaurant. Judd est peut-être en danger, lui aussi.*

Or il n'y avait pas moyen de le mettre en garde, pas plus que de prévenir les Justes des menaces qui pesaient sur leurs vies. En mastiquant un muffin, David résolut de se rendre à Safed. Il ne possédait ni les connaissances de Yaël, ni la sagesse de rabbi ben Moshé ; les seules armes dont il disposait étaient les noms imprimés dans sa tête. Si la ville de Safed était aussi sacrée et mystique que le prétendait Yaël, elle libérerait peut-être ces âmes qui l'avaient imploré de se souvenir.

Il accéléra le pas. Il était content de se dégourdir les muscles. Il lui semblait qu'une éternité s'était écoulée depuis qu'il avait battu Tom au squash. En cinq jours, sa vie avait été radicalement chamboulée. David était un fugitif, maintenant, contraint de se terrer dans une chambre d'hôtel étouffante. Une chambre d'hôtel qui semblait se rétrécir d'heure en heure. Pourtant, Yaël ne s'était pas plainte une seule fois du confinement. Meredith, elle, aurait grimpé au mur. *Pourvu que Hutch ne pète pas les plombs avec elle*, songea David en montant l'escalier de l'hôtel.

En entendant une voix d'homme derrière la porte de la chambre, il inséra sa clé dans la serrure. Le battant s'ouvrit sur le canon d'un revolver.

David saisit vivement le canon du revolver et essaya de tordre le bras de l'homme qui le tenait. Il lui décocha un coup d'épaule dans la poitrine, et déséquilibra l'agresseur avant qu'il puisse appuyer sur la détente.

— Ne tire pas, c'est David ! cria Yaël.

Le poing de David s'immobilisa en plein élan. Il lâcha le revolver et se releva. L'Israélien aux cheveux crépus se redressa à son tour.

— Drôle de façon de saluer les gens, maugréa David.

— Dans mon métier, il faut constamment rester sur ses gardes, répondit Avi Raz en lui tendant la main. Vous avez de bons réflexes, monsieur Shepherd.

— L'instinct de conservation, sans doute.

— Vous avez obtenu votre passeport ? s'enquit Yaël après avoir verrouillé la porte.

— Non, hélas. Le siège des Nations unies est fermé, sans doute parce que l'électricité n'est pas rétablie.

— J'avais remarqué, répondit Yaël en passant la main sur son visage.

Une chaleur moite régnait dans la chambre.

— La bonne nouvelle du jour, c'est qu'Avi vous a apporté un passeport.

David feuilleta le document que l'Israélien lui remit. Impossible de déceler qu'il s'agissait d'un faux.

— Espérons que l'aéroport JFK rouvrira dans la journée, commenta Avi.

— Et que les téléphones portables fonctionneront à nouveau, bougonna David en rangeant le passeport dans son sac. Je suis désolé pour vos amis, mais l'autre équipe de protection est-elle déjà en Arizona ?

— Pas encore. En principe, ils seront à Flagstaff demain matin. Comme l'aéroport de Newark est fermé, ils ont trouvé un vol via Londres : au moins vingt et une heures de voyage jusqu'à Phoenix.

— Plus la route jusqu'à Flagstaff, soupira David.

— Yaël m'a dit qu'un garde du corps compétent veillait sur votre fille.

— En effet.

David se demandait néanmoins si Hutch serait de taille face aux Anges Noirs. *Ils ne savent pas où est Stacy, mais ils nous ont pourtant pistés chez la cartomancienne, avec Yaël...*

— David, ne vous inquiétez pas pour Stacy, murmura l'archéologue, comme si elle devinait ses pensées. Les kabbalistes de Safed vous aideront à retrouver les noms des Justes afin de déjouer les plans du Gnoseos. Stacy et les autres Lamed Vav ont besoin de vous.

Un silence pesant s'ensuivit. Avi le rompit en entamant un muffin aux myrtilles.

— Et Percy Gaspard ? s'enquit David. L'avez-vous localisé ?

— Il est né à Montréal en 1939. Pour l'instant, je n'en sais pas plus mais les recherches ont dû avancer en mon absence. Il faut absolument que je rétablisse le contact avec mes collègues, et vite. Maintenant confiez-moi les pierres. Elles seront en sécurité avec moi.

— Pourquoi ?

— Ces pierres sont vitales pour le peuple juif, et nous savons que le Gnoseos les convoite. Il leur attribue, entre autres propriétés, une vertu protectrice.

David revit Chris brandissant l'agate et leur promettant, à Abby et à lui, qu'ils ne tomberaient pas. Comment Chris savait-il que cette pierre était magique ?

— Expliquez-moi cette « vertu protectrice » ! lança-t-il sèchement.

— Chaque pierre du pectoral du grand prêtre porte le

nom de l'une des douze tribus d'Israël, et chaque pierre est de la couleur de la bannière qui flottait sur le camp de chaque tribu. Mais ce n'est pas tout...

— Vous connaissez sans doute le principe du ouija ? précisa Yaël. Eh bien, le pectoral du grand prêtre permettait de communiquer avec Dieu comme une planche de ouija. Si Israël partait en guerre alors que les pierres brillaient, la victoire était assurée.

— Voici un autre exemple, reprit Avi en glissant son revolver dans son holster. À l'époque biblique, les Hébreux soumettaient leurs questions au grand prêtre Aaron. Ce dernier invoquait les différents noms de Dieu puis observait les pierres de son pectoral. Les lettres gravées sur les pierres rayonnaient et transmettaient la réponse divine.

David garda le silence, plongé dans ses souvenirs. Quand il avait retrouvé la pierre sur la pelouse, elle jetait presque des éclairs. *Sans doute la réverbération du soleil,* avait-il pensé ce matin-là. Il sortit les deux pierres de sa poche et les considéra. L'agate et l'ambre. Nephtali et Lévi. Elles paraissaient ordinaires et ne brillaient pas le moins du monde.

— Je les emporterai moi-même en Israël, décréta-t-il en refermant sa main.

— Il n'en est pas question, riposta Avi.

— C'est moi qui ai trouvé l'agate, et selon tout ce qu'on m'a raconté ces jours-ci, ce n'est probablement pas une coïncidence. Qui plus est, rabbi ben Moshé m'a confié l'autre juste avant sa mort.

Yaël s'interposa entre les deux hommes.

— Je crois qu'il a raison, Avi. Il a trouvé Nephtali peu

après la chute qui lui a provoqué cette vision, comme si elle l'attendait. Il a veillé sur la pierre, toutes ces années. Peut-être pour une raison que nous ignorons encore.

— OK, conclut Avi en tendant la main à David. Dès que le courant sera rétabli, je vous donnerai des nouvelles de votre belle-fille, et de Percy Gaspard. Prions pour que l'aéroport rouvre aujourd'hui. Le temps nous est compté.

Chapitre 16

Los Angeles, Californie

Alberto Ortega n'était pas satisfait. Raoul Ledoux, lui, était furieux lorsqu'il se dirigea vers le coupé jaune qu'il avait loué chez Avis. Abandonnant sa première idée de précipiter la fourgonnette blanche au fond d'un ravin, il s'était contenté de la laisser sur le parking de l'aéroport de L.A. Il conduisait maintenant une nouvelle voiture, sous un nom différent, afin de brouiller les pistes qui le reliaient à Stacy Lachman.

Les rugissements d'Ortega agaçaient encore ses oreilles. Tout aurait pourtant dû marcher comme sur des roulettes. À l'heure qu'il était, la gamine aurait été au milieu de la Vallée de la Mort, en compagnie des coyotes et des vautours.

À l'époque où Ortega était secrétaire général des Nations unies, il s'était empressé de promouvoir Raoul dans les rangs des Anges Noirs. Il n'était pas avare d'éloges en ce temps-là ; maintenant que la fin approchait, il devenait acariâtre, exigeant, capricieux. *Malgré tous les ennemis que j'ai liquidés pour lui, il ose me menacer. Comme si on pouvait me refuser le passage dans l'Arche pour une malheureuse bavure !*

Était-ce l'imminence de l'Ascension qui troublait Ortega ? Car tous attendaient impatiemment que le Serpent achève son travail et décrypte les noms des deux derniers Justes. *Comment je pourrais les éliminer tant que le Serpent ne sait pas qui ils sont ?* Raoul regarda le pansement taché de sang sur le dessus de sa main. La gamine avait les dents pointues, et de la chance aussi que ce satané chien aboie tel un diable... mais elle n'avait réussi qu'à gagner quelques heures.

Le téléphone de Raoul émit un bip lui signalant la réception d'un message : Ortega encore, de son palais de Buenos Aires. Le vieux n'en profiterait plus très longtemps mais il emmènerait sa femme et ses gosses avec lui dans l'Arche.

« Changement de programme. Je souhaite inspecter personnellement le spécimen. Qu'elle arrive indemne à bon port. »

Voilà qu'ils la voulaient vivante, maintenant.

Avaient-ils l'intention de la faire tuer par quelqu'un d'autre ?

Chapitre 17

La veuve de rabbi Tzvi Goldstein était une jeune femme délicate, aux allures de biche, qui s'était murée dans le chagrin. Elle paraissait à peine plus de vingt ans ; pourtant, en sept ans de mariage, elle avait donné sept enfants à son époux. La dernière n'ayant que cinq mois, elle ignorait pourquoi sa mère avait déchiré le haut de sa robe. Elle ne savait pas non plus qu'elle ne reverrait jamais le visage de son père penché au-dessus d'elle pour lui chanter la bénédiction qu'il donnait à ses enfants tous les vendredis soir. Sarah Goldstein était assise dans un canapé dont les coussins avaient été ôtés. Sur une console, une grosse bougie commémorative brûlait dans un verre rouge. Des livres de prières s'empilaient à côté de la bougie, pour les hommes qui venaient deux fois par jour célébrer le service funèbre. Ils prieraient pendant sept jours, comme l'exigeait la Loi juive.

Pendant la semaine de la *shivah*, tous les miroirs de la maison resteraient recouverts, la famille s'assiérait sur des petits tabourets ou sur des sièges sans coussin, et le père et les frères de Tzvi ne se raseraient pas.

Afin de réconforter les endeuillés, de nombreux parents et amis se pressaient dans le salon, apportant de la nourriture et murmurant des prières. David avait l'impression d'être un intrus, mais Yaël posa une main sur le bras de la jeune veuve.

— Madame Goldstein, lui dit-elle à voix basse, nous étions avec rabbi ben Moshé au moment de la fusillade. Nous ne voudrions pas vous accabler davantage, mais, en nous accordant quelques minutes, vous nous aiderez peut-être à découvrir l'assassin de votre mari.

La veuve posa sur eux des yeux noyés de chagrin.

— Venez avec moi, dit-elle en les entraînant dans un petit bureau encombré de livres.

La jeune femme promena autour d'elle un regard désespéré. La lumière du jour déclinant filtrait au travers des stores. Il planait dans la pièce une odeur de tabac à pipe et de cire.

— Mon mari, qu'il repose en paix, passait ici des heures à étudier et à travailler. En quoi puis-je vous être utile ?

David sortit la carte de tarot de son sac de voyage.

— Cette carte fait partie des objets que rabbi ben Moshé m'a confiés avant de mourir. Savez-vous pourquoi il y attachait de l'importance et connaissez-vous son origine ?

— Cette carte est source de malheur, s'exclama Sarah en détournant le regard. Mon mari m'a raconté que le rabbi Lazare, de Cracovie, l'a envoyée à rabbi ben Moshé – que sa mémoire soit bénie – il y a une quinzaine de jours. Il espérait que rabbi ben Moshé saurait qui en avait commandé deux mille exemplaires.

Les lèvres de la veuve tremblèrent.

— Et qui était capable de tuer un homme pour les planches d'impression, articula-t-elle à grand-peine.

— De tuer un homme ? Quel homme ? demanda David, stupéfait.

— Un imprimeur polonais. Son fils était dans l'atelier quand le crime s'est produit, il changeait l'encre de la presse et a entendu son père se disputer avec un homme qui parlait très mal leur langue. Le garçon a reconnu la voix de cet homme, car il avait proposé à l'imprimeur de doubler ses honoraires s'il honorait sa commande en quarante-huit heures. Il voulait deux mille cartes identiques.

— Savez-vous pourquoi ils se disputaient ? demanda Yaël.

— Le client réclamait les planches d'impression, mais l'imprimeur refusait. L'autre a insisté, puis s'est mis en colère. L'imprimeur s'est glissé dans l'arrière-boutique et a ordonné à son fils de rentrer dans la maison. Le garçon sortait tout juste de l'atelier quand un coup de feu a éclaté. Il s'est retourné aussitôt, mais des flammes s'échappaient des fenêtres.

Sarah secoua tristement la tête.

— Le pauvre, poursuivit-elle, il a essayé de secourir son père, mais à cause des produits chimiques, la boutique était devenue un véritable brasier. Rabbi Lazare a dit que cet imprimeur était un homme bon, comme mon mari...

David se sentit envahi par une vague de compassion envers Sarah, ses enfants, et aussi ce petit orphelin de Cracovie.

— Comment cette carte est-elle parvenue à rabbi Lazare ? demanda-t-il doucement.

— Le fils de l'imprimeur avait aidé à découper les cartes. Les serpents entrelacés qui figurent au dos l'avaient fasciné, et il savait que son père gardait toujours un échantillon de ses commandes. Lorsque rabbi Lazare est allé rendre visite à la famille endeuillée, le garçon lui a montré la carte et lui a avoué en tremblant qu'il l'avait chipée dans les dossiers de son père. Pauvre enfant, il se croyait responsable de la mort de son père. Il pensait qu'il avait été puni parce qu'il avait volé.

— Si ce type avait su que le garçon se trouvait dans l'arrière-boutique, il l'aurait tué, lui aussi, intervint Yaël.

— Bien sûr ! s'exclama David. Voilà pourquoi il a tué l'imprimeur : il voulait les planches pour que personne ne sache qu'il avait fait imprimer ces cartes, et pour qu'on ne puisse pas les reproduire.

Des larmes brillaient dans le regard de Sarah Goldstein. Elle cligna des paupières pour les refouler.

— Pensez-vous qu'on a tué rabbi ben Moshé et mon mari pour récupérer la carte ?

— C'est possible, répondit David.

Des cris de bébé retentirent dans la pièce à côté. Une jeune fille apparut sur le seuil du bureau, tenant dans ses bras l'enfant en pleurs :

— Je crois que Bayla a faim.

Sarah sourit tristement et quitta la pièce. David et Yaël s'apprêtaient à prendre congé lorsqu'un bourdonnement électrique se fit entendre. Quelques secondes plus tard, toutes les lampes de l'appartement s'allumèrent.

— Et la lumière fut, soupira David avec un soulagement manifeste.

Dans la rue, il alluma son portable et Yaël l'imita. À leur grand désappointement, aucun des deux téléphones ne fonctionnait.

— Nous réserverons nos billets d'avion depuis l'hôtel, déclara Yaël en se dirigeant vers un carrefour où des taxis étaient stationnés.

— Si les lignes téléphoniques ne sont pas encombrées, répondit David en glissant la carte dans son sac.

Il la ressortit aussitôt. Un détail qui lui avait jusqu'alors échappé venait de lui sauter aux yeux. Derrière l'un des corps tombant de la tour, un pont-levis cassé en deux s'effondrait dans les douves. Le personnage le cachait partiellement, si bien que l'on aurait pu croire qu'il s'agissait d'un rempart et non d'un pont.

Un pont qui rappelait à David celui qu'il avait visité l'année précédente. Après son dîner avec Tony Blair, un ami l'avait convié dans l'un des salons privés du Tower Bridge, offrant un panorama spectaculaire sur la Tamise. Il examina le pont sur la carte : le trait du dessin n'était pas très précis, mais la ressemblance avec le Tower Bridge était frappante. Même architecture victorienne, même mécanisme de bascule et de suspension, même maçonnerie...

Tower Bridge. La tour représentée sur la lame de la Maison Dieu... Cette carte était-elle un avertissement ? Le Gnoseos envisageait-il de lancer une attaque sur

Londres ? Pourquoi cette carte existait-elle en deux mille exemplaires ?

— Vous rêvez, David ? lança Yaël en ouvrant la portière d'un taxi.

Entre deux coups de klaxon du chauffeur de taxi luttant dans les embouteillages, le portable de David sonna.

— Salut, ça va ? lança la voix familière et réconfortante de Hutch. Je te passe une jeune fille qui a hâte de te parler.

Le cœur de David se gonfla de soulagement.

— David ? Maman dit que tu l'as prévenue qu'un type allait s'en prendre à moi. Comment étais-tu au courant ? s'enquit Stacy, toujours aussi directe.

David ferma les yeux, à court de mots. Comment justifier ce qu'il ne parvenait pas à s'expliquer à lui-même ?

— Stacy, c'est très compliqué à raconter au téléphone. En attendant qu'on se voie, fais tout ce que Hutch te demandera. Ne le quitte pas d'une semelle, d'accord ?

— Le type pourrait revenir ?

— Lui, ou un autre.

— J'ai peur, bredouilla Stacy dans un sanglot qui fendit le cœur de David. Pourquoi tu ne viens pas nous rejoindre maintenant ?

— J'aimerais bien, mais je dois partir pour l'étranger.

Meredith arracha le téléphone aux mains de sa fille.

— David, dans quel pétrin tu t'es fourré ? Par ta faute, Stacy a failli se faire enlever !

Les 36 Justes

Il ouvrit la bouche pour répondre, mais Meredith ne lui en laissa pas le temps.

— Tu sais qu'on est en Arizona, au milieu de nulle part, avec des incendies partout ? Alors que je devrais profiter de mon voyage de noces ! Bon sang, David, dans quoi tu nous as...

— Meredith, passe-moi Hutch, s'il te plaît.

— Dis-moi d'abord quelle connerie tu as faite pour mettre *ma* fille en danger. J'estime que j'ai le droit de savoir.

— Meredith, c'est la fin du monde, et je fais ce que je peux pour sauver la planète. Passe-moi Hutch maintenant.

Il imaginait sans peine la stupéfaction que cette réponse devait causer à son ex-femme.

— Il y a un problème, David ? Les renforts ne sont toujours pas là.

Hutch, la voix de la raison et du pragmatisme.

— Ils sont morts, leur avion est au fond de l'Atlantique. Mais une autre équipe devrait arriver d'un moment à l'autre. Tu crois que tu vas assurer jusque-là ?

— J'ai vraiment le choix ?

— Écoute-moi. Je quitte les États-Unis dès que je trouverai une place dans un avion, pour quelques jours seulement. Les gars qui vont t'aider sont des Israéliens. Fais-leur réciter des prières en hébreu pour vérifier leur identité, plaisanta-t-il.

— *Hava Naguila, shalom* ?

— Très drôle ! Bon courage et merci.

Le chauffeur de taxi bifurqua sur les chapeaux de

roue, manquant de renverser un cycliste. David rangea son téléphone dans sa poche.

– Elle pleurait, dit-il à Yaël, qui posa une main sur la sienne.

Ses doigts reposaient à peine sur les siens ; pourtant, ils dégageaient une chaleur qui le réconforta quelque peu.

יח

Chapitre 13

À l'université de Georgetown, deux policiers en civil remontèrent le couloir du bâtiment de Sciences politiques puis firent irruption dans un bureau. Sous le coup de la surprise, Tom McIntyre faillit renverser sa tasse de café sur les copies qu'il était en train de corriger.

Le plus jeune des deux hommes s'avança vers lui en brandissant un mandat de perquisition.

— Vous êtes David Shepherd ?

— Pas du tout, je m'appelle Tom McIntyre. C'est à quel sujet, cette intrusion ?

— Nous sommes inspecteurs de police. Savez-vous où se trouve David Shepherd ?

— Pourquoi le cherchez-vous ? répondit Tom.

Il n'imaginait pas son collègue ayant des démêlés avec les représentants de la loi. Le meilleur ami de David était prêtre, et son père avait été sénateur. Il n'y avait pas plus intègre que lui.

— Quand l'avez-vous vu pour la dernière fois ?

— Euh... il y a quelques jours. Lundi ou mardi dernier... Je ne me souviens pas exactement.

— Nous sommes bien dans son bureau ?

— Oui, et dans le mien. Pourrais-je savoir ce que vous lui voulez ? s'énerva Tom.

Le deuxième inspecteur ouvrit enfin la bouche :

— Sa femme de ménage a été assassinée, chez lui. Nous voulons nous assurer qu'il n'est rien arrivé au professeur Shepherd, car il ne répond pas sur son portable.

— David est parti à New York pour quelques jours, répondit Tom, soudain inquiet, en s'efforçant de reprendre ses esprits. À cause de la tempête, il n'y a plus d'électricité là-bas, ni de réseau téléphonique. C'est sûrement pour cela que nous ne pouvons pas le joindre.

— Probable, répliqua le flic arrogant en scrutant son visage.

Son collègue ouvrait sans ménagement les tiroirs du bureau de David. Il trouva une photo encadrée de Stacy et la montra à son partenaire, qui lui adressa un signe de tête entendu.

— Vous savez qui c'est ?

— Oui, la fille de son ex-femme.

Tom épela les noms de Stacy et de Meredith. Le plus âgé des deux flics lui demanda leur adresse.

— Écoutez, rétorqua Tom, David Shepherd ne ferait pas de mal à une mouche. Impossible qu'il ait tué sa femme de ménage.

— Professeur, rétorqua le petit policier avec condescendance, nous n'accusons en rien votre collègue. Nous désirons seulement lui parler et nous assurer qu'il n'a pas lui-même été victime d'un acte criminel. Alors, si vous savez où il se trouve, dites-le-nous, dans son intérêt, et dans le vôtre.

— Tout ce que je sais, c'est qu'il est à New York.

Pendant près d'une heure, les deux agents fouillèrent méticuleusement le bureau de son collègue, ouvrirent ses classeurs, sortirent les livres de sa bibliothèque. Enfin, le jeune inspecteur remit sa carte de visite à Tom et lui « conseilla » de prévenir le commissariat s'il avait des nouvelles du professeur Shepherd.

Dès que leurs pas se furent éloignés au fond du couloir, Tom verrouilla la porte du bureau et décrocha son téléphone.

Entre deux bouchées du sandwich jambon-fromage qu'il avait acheté à la cafétéria de l'université, l'officier de police Scott Conrad rédigeait un avis de recherche pendant que son collègue, Lou Minelli, se rendait à nouveau au domicile de la victime afin d'interroger sa fille. Conrad espérait que, cette fois, il obtiendrait autre chose que des sanglots entrecoupés de propos incohérents. D'après la première déposition, Eva Smolensky était partie chez le professeur Shepherd en laissant une casserole sur le feu. Elle avait appelé sa fille au travail, lui conseillant de ne pas l'attendre pour dîner parce qu'elle allait faire le ménage chez Shepherd. C'était le dernier signe de vie d'Eva Smolensky.

Conrad aimait cette affaire. Et il aimerait encore plus le moment où il s'assiérait en face de Shepherd dans la salle d'interrogatoire. Les yeux plissés, il fixa l'écran de son ordinateur :

Jill Gregory - Karen Tintori

À tous les services de police.
Avis de recherche concernant : individu recherché pour interrogatoire à propos d'un meurtre commis au 233 D Street NE, Washington.
Nom : David Shepherd.
Signalement : homme de type européen, 33 ans, 1,88 m, 92 kg, cheveux bruns, yeux marron clair, pas de signe particulier.
Date de naissance : 15 août 1973.
Lieu de résidence : 233 D Street NE, Washington.

Conrad avala une gorgée de soda et s'essuya la bouche avec une serviette en papier tout en vérifiant à l'écran l'absence de fautes d'orthographe. Puis il continua :

L'homme serait actuellement à New York. Peut voyager par avion, train ou véhicule de location. Merci de l'appréhender et de prendre immédiatement contact avec les services de Washington.

L'officier Conrad cliqua sur l'icône « Envoyer », expédiant ainsi son message au NYPD et à l'Agence nationale de la sécurité pour diffusion immédiate dans tous les aéroports de New York et du New Jersey.

ט׳

Chapitre 19

– Qui c'était ? demanda Yaël d'une voix chargée d'appréhension en voyant David raccrocher, blanc comme un linge.

Il secoua la tête d'un air incrédule, ouvrit puis referma la bouche sans pouvoir prononcer un mot.

– Dites-moi ce qui se passe, insista Yaël en éteignant la télévision où les désastres se succédaient sur CNN.

– Eva. Ma femme de ménage. Elle a été assassinée chez moi.

David ferma les yeux et revit la femme à la démarche lourde et au sourire las qui, depuis sept ans, entretenait sa maison.

– Et la police me cherche, poursuivit-il, encore sous le choc. Tom, le collègue avec qui je partage mon bureau à Georgetown, m'a raconté que deux inspecteurs se sont présentés à la fac avec un mandat de perquisition. Ils ont fouillé dans mes affaires et Tom leur a dit que j'étais à New York.

– Dans ce cas, fonçons tout de suite à JFK, déclara

Yaël. Tentons de passer les contrôles de sécurité avant que votre photo ne soit placardée dans tout l'aéroport... Et il vous faut un nouveau passeport, avec un autre nom.

David la considéra d'un regard hébété.

— La police veut me parler et...

— Surtout pas, ordonna Yaël. Premièrement, c'était probablement vous que l'assassin d'Eva cherchait. Ensuite, la police ne vous autorisera pas à quitter les États-Unis durant l'enquête. Préparez votre sac pendant que je prends une douche en vitesse.

Lorsque la porte de la salle de bains se fut refermée derrière la jeune femme, David se mit à arpenter la chambre. Il reconnaissait la justesse du raisonnement de Yaël, mais tout son être se rebellait à l'idée de fuir la police de son pays.

Eva est morte par ma faute. Si je ne lui avais pas demandé d'aller chez moi pour accueillir Dillon, elle vivrait encore. Pourtant, Dillon a dit qu'elle n'était plus là quand il est arrivé. Et l'aspirateur traînait au milieu de mon bureau... Elle était donc déjà morte, mais Dillon ne l'a pas vue.

Il se campa devant la fenêtre et regarda au-dehors d'un air absent.

Dillon a dû croiser l'assassin à quelques minutes près. Il aurait pu se faire tuer, lui aussi. Tout ça à cause de moi ?

David fourra sa chemise de la veille dans son sac de voyage et ralluma la télévision.

« En Arizona, alors que cinq mille hectares ont déjà été ravagés par les feux de broussaille, les incendies se propagent vers Flagstaff, rapportait une journaliste aux longs cheveux. Un vent violent souffle sur la région, entravant considérablement les efforts des pompiers qui, depuis trente-six heures, luttent sans relâche contre les flammes. Un avis d'alerte a été émis par le shérif de Flagstaff, où les habitants se préparent à évacuer leurs habitations. »

Les portables de Hutch, Meredith et Stacy sonnaient dans le vide, alors que des images de collines en flammes défilaient toujours sur l'écran. David espérait de toute son âme que Hutch pourrait s'échapper de la zone des incendies sans attirer l'attention des Anges Noirs.

— Ils ne répondent pas, dit-il en entendant la porte de la salle de bains s'ouvrir. J'ai un mauvais pressentiment.

Yaël se tenait devant le lit défait, le peignoir en éponge de l'hôtel ouvert sur sa poitrine, ses yeux verts écarquillés de frayeur. Le géant blond lui pressait un couteau de chasse sous la gorge.

David se rendit compte que le tueur de rabbi ben Moshé n'était qu'un gamin. Un gamin, bâti comme un joueur de rugby avec un drôle de regard bleu pâle, presque transparent.

— Lâchez-la, ordonna David en écartant les bras.

Dans la poche de son pantalon, les deux pierres lui brûlaient presque la cuisse. La veine jugulaire de Yaël battait à quelques millimètres de la lame.

— Je suis certain que nous trouverons un arrangement, commença-t-il en avançant lentement vers Yaël. Mais d'abord, lâchez-la.

— Donnez-moi votre cahier rouge. Je veux aussi tous les trucs du rabbin.

Si je lui donne l'une des pierres, il lâchera peut-être Yaël.

— Ne faites pas ça, David, s'écria la jeune archéologue d'une voix affolée, comme si elle avait lu dans ses pensées. Il me tuera de toute façon. Partez. Vite.

Le blond esquissa un sourire et appuya son couteau contre la gorge de Yaël. La lame entailla la peau de l'Israélienne, qui lâcha un gémissement. Un filet de sang jaillit de la coupure.

— Magne-toi, professeur. À moins que tu n'apprécies le spectacle ?

— Pauvre type, grogna Yaël entre ses dents, en lui décochant un violent coup de pied dans le mollet.

Elle parvint à se libérer, mais, d'un direct du gauche, le blond la propulsa contre le placard. Puis il lança un coup de poing dans l'estomac de David, qui tomba à genoux, incapable de respirer.

À cet instant précis, trois paires d'yeux se posèrent sur l'ambre qui avait roulé au sol et scintillait tel un soleil, illuminant mystérieusement les lettres hébraïques gravées à sa surface.

Tandis que Yaël plongeait sur la pierre. David s'empara d'une lampe en métal et l'abattit sur la tête du tueur, dont le crâne produisit un sinistre craquement. L'Ange Noir s'affaissa sur le plancher.

— Yaël, ça va ? haleta David en emplissant ses poumons d'air.

— Ça ira mieux quand nous serons sortis d'ici, répondit-elle en nouant la ceinture de son peignoir.

Puis elle porta une main tremblante à sa gorge et frémit en y sentant du sang. Elle tendit la pierre à David, qui la remit dans la poche de son pantalon. L'ambre et l'agate s'entrechoquèrent.

— Avant de filer, vérifions l'identité de ce type, dit David en s'agenouillant auprès du blond.

Un permis de conduire délivré dans le New Jersey lui indiqua qu'il se nommait James Gillis.

— C'est sans doute un faux permis, murmura Yaël en fouillant dans le portefeuille de l'Ange Noir. Si nous pouvons le faxer à Avi, il trouvera peut-être qui nous l'a envoyé.

— Vous avez beaucoup d'estime pour Avi, n'est-ce pas ?

— Je le connais depuis longtemps. Le Mossad l'a recruté en même temps que mon mari.

— Vous êtes mariée ? s'étonna David en palpant un renflement dans la chaussette de Gillis.

— J'ai été mariée pendant trois mois. Mon mari a été tué en mission...

Avant que David ait pu lui témoigner sa sympathie, Yaël désigna le petit pistolet qu'il venait de retirer de la chaussette de Gillis.

— Je ne m'amuserais pas à l'emmener à l'aéroport, dit-elle. Donnez-le-moi.

David la regarda vider le chargeur et cacher le pistolet et les balles sous le matelas. Puis il glissa la main dans la deuxième chaussette de Gillis, d'où il sortit une carte de tarot.

— Regardez. La même que l'autre.

Yaël s'approcha pour l'examiner.

— Le numéro imprimé au dos est différent, remarqua-t-elle.

En effet. Celle-ci portait le numéro 1098. *Nous éclaircirons ça plus tard,* pensa David. Le plus urgent était de faire parler Gillis.

— Un verre d'eau froide, s'il vous plaît, lança David à Yaël, qui lui jeta un regard interrogateur avant de disparaître dans la salle de bains.

Il ramena les mains de Gillis dans son dos et lui enroula une extrémité du drap autour des poignets, puis il lui attacha les chevilles.

— Prête ?

Yaël lança le verre d'eau au visage de Gillis, mais l'homme ne remua pas un cil. Une gifle cinglante ne fit pas plus d'effet. Elle s'accroupit à côté de lui et lui palpa le cou.

— Son pouls est faible. Il risque de ne pas reprendre connaissance avant un bon moment, et nous devons filer. Tant pis.

Yaël s'habilla précautionneusement en évitant ses blessures au cou. Elle prit sa serviette, puis jeta un dernier regard à Gillis qui émit un grognement mais ne bougea pas. David ouvrit prudemment la porte et inspecta le couloir. Personne.

Au rez-de-chaussée, cependant, adossé contre un mur, le Portoricain gardait les yeux rivés sur les ascenseurs, en attendant que son acolyte ait liquidé le professeur David Shepherd et Yaël Harpaz.

ב

Chapitre 20

– Ce n'est pas possible ! s'écria Meredith. Vous dites qu'il n'y a pas un seul téléphone portable dans tout Flagstaff qui fonctionne ?

Stacy, qui jusque-là examinait les bonbons près de la caisse, leva les yeux au ciel.

– C'est la pure vérité, m'dame, répondit l'employé de la supérette sans cesser de mâcher son chewing-gum avec ardeur. Tous les réseaux de la région sont coupés...

– Et les lignes fixes sont en dérangement, commenta un client en sortant un pack de bières du réfrigérateur.

Stacy se retourna et admira avec une pointe d'envie ses santiags. Superbes.

Hutch surveillait la porte du magasin, ainsi que la route poussiéreuse au-delà du parking. Dieu merci, personne ne les avait suivis depuis le bungalow. Pas même les renforts promis par David. Il espérait que ceux-ci les retrouveraient malgré les incendies et l'évacuation de la région.

– Et qu'est-ce qu'on fait en cas d'urgence, alors ? demanda Meredith d'une voix de plus en plus aiguë.

– On s'en va, les filles, trancha Hutch. Mamie comprendra pourquoi on ne lui souhaite pas un bon anniversaire.

Stacy le considéra avec étonnement, puis son visage s'assombrit. *La pauvre avait dû momentanément oublier la menace qui pesait sur elle,* songea Hutch.

– Avancez, je vous rejoins, lâcha Meredith en posant un paquet de cigarettes et un billet de dix dollars sur le comptoir.

Hutch escorta Stacy jusqu'à l'Explorer. Il scrutait la route mais gardait une main protectrice sur l'épaule de l'adolescente. Derrière son rocher, Raoul Ledoux sourit. Le garde du corps était à sa portée. Dans trois minutes, la gosse serait dans le coffre de sa voiture, perdue dans ses rêves, endormie par le chloroforme.

Meredith sortit de la supérette, puis retira l'emballage plastique de son paquet de cigarettes. Brusquement, l'homme aux santiags la saisit par le bras, la poussa à l'intérieur et brandit un revolver. Ses tirs étaient si rapprochés que Meredith avait l'impression d'assister à un feu d'artifice. Il lui fallut un moment avant de comprendre que des déflagrations provenaient aussi d'une autre direction.

– Couchez-vous tous ! hurla l'employé de la supérette en se jetant à plat ventre sur le plancher.

Au même moment, Meredith vit Hutch s'écrouler sur

Stacy. Elle s'élança vers l'Explorer, oubliant les balles qui fusaient.

— Hutch est blessé, maman. Il saigne beaucoup, sanglotait Stacy, allongée par terre.

Meredith releva sa fille, indemne, mais remarqua que l'homme aux santiags courait dans leur direction.

— Ne nous tuez pas, implora-t-elle. Je vous en supplie, ne nous tuez pas.

Le type tendit son revolver à Meredith.

— N'ayez pas peur. Je m'appelle Garrick Rix, c'est moi qui vais donner un coup de main à votre garde du corps, expliqua-t-il en tâtant le pouls de Hutch.

Il lui tapota la joue, sans obtenir la moindre réaction, puis retira sa ceinture de son jean et la donna à Meredith.

— Posez-lui un garrot autour de la cuisse, ordonna-t-il, aussi serré que possible, et tenez-le jusqu'à ce que je revienne. J'espère que j'ai touché le salopard derrière le rocher. Je vais finir de lui régler son compte, si nécessaire.

Stacy avait envie de vomir, mais serrait de toutes ses forces le garrot improvisé autour de la cuisse de Hutch, dont le jean était imprégné de sang.

Un coup de feu retentit derrière le rocher vers lequel Rix s'était dirigé. Stacy laissa échapper une plainte et fixa le sang qui formait une flaque sur le sol poussiéreux.

— Tu crois que le copain de Hutch a été touché ? murmura-t-elle.

J'espère que non, songea Meredith, le cœur battant à

se rompre, mais, avant qu'elle ait pu rassurer sa fille, l'employé de la supérette leur cria depuis le magasin :

— Revenez ici, vous deux ! J'ai une carabine, je vous protégerai !

Raoul tira une autre balle dans la tête du type aux santiags, histoire de s'assurer qu'il était bien mort. D'un pas alerte, il regagna ensuite son coupé. Pour la première fois depuis plusieurs jours, il se sentait de bonne humeur.

Soudain, un coupé jaune contourna le rocher et se gara à angle droit devant l'Explorer, lui barrant le passage. Stacy reconnut tout de suite l'homme qui descendit de la voiture.

— C'est lui, maman ! hoqueta-t-elle en se jetant sous l'Explorer.

Meredith ramassa le pistolet de Hutch et tenta de viser, mais ses mains tremblaient tellement qu'elle ne parvenait pas à appuyer sur la détente. Le ravisseur de Stacy ne remarqua même pas ses piteux efforts : il décrocha un objet de sa ceinture et le lança au loin, en direction du magasin.

Une explosion assourdissante s'éleva aussitôt de la supérette et des flammes jaillirent des vitrines. Meredith demeura tétanisée pendant quelques secondes, puis elle essaya de tirer de nouveau.

— Donnez-moi... le flingue.

Elle entendit à peine la voix de Hutch dans le vacarme

environnant, mais obéit, posant le pistolet dans la paume du garde du corps. Son regard croisa celui de Stacy, tapie sous l'Explorer. *Ne bouge pas, ma chérie,* implora-t-elle en silence. *Surtout, reste où tu es.* Submergée de terreur, elle regarda Raoul Ledoux se diriger vers eux à grandes enjambées. Elle était fascinée par la couleur de ses yeux : l'un marron, l'autre bleu. Des yeux tellement saisissants qu'elle ne vit pas Hutch lever le pistolet. Elle entendit seulement la détonation et remarqua que les yeux vairons se fermaient.

Mais le tueur était solide, malgré la tache de sang qui s'élargissait sur son épaule droite.

— Non ! hurla Meredith lorsqu'il fit feu sur Hutch, à quatre reprises. Mon Dieu ! Oh, non !

— Toi, la ferme ! cracha-t-il en braquant le canon de son arme vers elle. Stacy, si tu ne sors pas de là tout de suite, je bute ta mère.

Après avoir assommé Meredith, il ne fallut pas plus de six secondes à Raoul pour déboucher son flacon de chloroforme et en imbiber le chiffon qu'il tira de sa poche. Cette fois, la peste aux dents pointues n'émit pas même un pleurnichement.

Chapitre 21

Septième... Sixième... Cinquième... L'ascenseur ralentit et s'arrêta au quatrième étage. Une femme en tailleur, une valise à la main, entra dans la cabine et les salua d'un signe de tête.

L'ascenseur se remit en marche et David appuya brusquement sur le bouton du deuxième.

– Oh, j'allais oublier, chérie, lança-t-il à Yaël. Tes parents nous attendent dans leur chambre.

Abasourdie, Yaël sortit derrière David au deuxième étage.

– Pourquoi avez-vous fait ça, *chéri* ? s'enquit-elle lorsque les portes de l'ascenseur se refermèrent.

– Gillis n'était sûrement pas tout seul. Il a peut-être posté un complice à la réception.

– Bien vu. Espérons qu'il y a une sortie de service, marmonna-t-elle tandis qu'ils s'engageaient dans l'escalier.

Ils descendirent les marches à pas feutrés. David prit une inspiration avant d'entrebâiller la porte du rez-de-chaussée. Le hall d'entrée de l'hôtel était désert. À sa gauche, il remarqua un corridor, qui les mena à une réserve, où des chaises étaient empilées jusqu'au plafond et à une porte indiquant : « Privé. Entrée réservée au personnel ».

— Par là, souffla-t-il en ouvrant la porte.

Yaël se retourna en entendant des pas précipités.

— Vite !

Yaël claqua la porte derrière eux lorsqu'elle reconnut l'homme à la peau mate qui fonçait vers eux. C'était le comparse de Gillis, l'homme brun qui avait tué la cartomancienne.

— Merde ! jura David en se cognant contre une table.

Ils étaient dans une espèce d'entrepôt, encombré de tables de banquet, de paravents, de podiums, de projecteurs, et d'un piano.

Il plaqua ses mains contre l'instrument et poussa de toutes ses forces. Yaël se plaça de l'autre côté. En joignant leurs efforts, ils parvinrent à bouger le piano de quelques centimètres, puis le déplacèrent presque jusqu'à la porte.

— Encore ! grogna David en s'arc-boutant.

La porte s'entrouvrit, mais resta bloquée à cause du piano. Des doigts poilus s'agrippèrent au battant pour forcer le passage, mais David, dans un ultime effort, banda ses muscles et poussa le piano contre la porte, qui se referma sur les doigts de leur poursuivant. Ils entendirent un gémissement de douleur, suivi de jurons et de violents coups d'épaule.

— Venez !

David prit Yaël par la main et l'entraîna entre les meubles jusqu'à la pièce adjacente, une immense cuisine en inox. Un chasseur en livrée rouge lâcha son sandwich en les voyant.

— Excusez-moi, m'sieur-dame, mais la cuisine est interdite aux clients...

— Où est la sortie de service ? l'interrompit David.

Un Asiatique qui émincait des oignons agita son couteau vers un coin de la pièce. David et Yaël suivirent la direction qu'il indiquait. Le chasseur le regarda d'un air hébété, puis se dirigea vers la porte d'où ils avaient fait irruption, alerté par les cris de l'Hispanique.

— Qu'est-ce que... ?

— N'ouvrez pas ! lança Yaël tout en courant vers la sortie. Il est armé. Appelez la sécurité !

— Qu'est-ce que c'est que cette histoire ? s'esclaffa un plongeur. C'est pour la télé ? On est filmés ?

David et Yaël s'élancèrent dans la rue et coururent jusqu'à un taxi.

— À l'aéroport JFK, dit David au chauffeur en montant dans la voiture avec un soupir de soulagement.

Le jour se levait sur Londres et le Serpent n'avait toujours pas décrypté les deux derniers noms.

Il recalcula ses formules pour la énième fois, ses neurones chauffant presque autant que l'unité centrale de son ordinateur. Il y avait deux jours qu'il ne s'était pas lavé, qu'il n'avait pas mangé, qu'il n'avait pas quitté son siège. Quelques heures auparavant, il s'était levé sans penser à s'appuyer sur sa canne et s'était lamentablement écroulé sur le plancher. Il avait fracassé sa canne contre l'une de ses sculptures préférées.

Ivre de fatigue, il haïssait subitement les chiffres et les graphiques. Au lieu de refléter son intelligence, ils la ridiculisaient et refusaient avec obstination de lever leur voile de mystère. *Tout ce dont j'ai besoin est là. Forcément. Il ne tient qu'à moi de décrypter ces deux fichus noms et nous assisterons à la chute de Dieu.*

Il pensa à la première fois dans l'histoire où le Gnoseos avait éradiqué presque tous les Justes, provoquant l'éruption du Vésuve et la destruction de Pompéi. Et à son héros, Attila, le roi des Huns, qui avait répandu tant de sang qu'on l'avait surnommé le « fléau de Dieu ».

Le Gnoseos s'était réjoui de la Peste noire qui, au XIVe siècle, avait anéanti près de la moitié de la population européenne, et ses adeptes avaient prié pour que l'épidémie se propage dans le monde entier. L'inquisition espagnole, sous la houlette de Torquemada, et le génocide des Arméniens avaient également suivi la mort d'un grand nombre de Justes, mais jamais des trente-six d'une même génération.

Ils avaient connu d'autres moments d'espoir : la crue du fleuve Jaune, en 1887, qui avait emporté plus d'un million de Chinois. Le naufrage du *Titanic*. Le communisme, les Khmers rouges, notamment, qui avaient tué des millions de Cambodgiens. Les nazis, bien sûr, avaient fait du bon boulot. Ils avaient été très proches du but.

Mais nous sommes encore plus près, maintenant. Plus que nous ne l'avons jamais été. Le Serpent songea à l'Arche, aux provisions stockées dans la forteresse souterraine, et aux deux mille fidèles impatients d'intégrer le nouveau monde, qui attendaient le signal, le signal dépendant de l'accomplissement de sa mission.

Deux noms restaient insaisissables. Où se fourvoyait-il ?

Il essaya un algorithme différent, modifia une séquence et lança un autre décryptage par suite de lettres équidistantes. Rien ; il se mordit la langue jusqu'au sang, puis s'exhorta à la patience.

Quatre années de sa jeunesse passées dans les ténèbres lui avaient appris la patience. Au fond de lui, il avait toujours su qu'il reverrait la lumière. Mais il était difficile d'être patient quand le Cercle lui mettait la pression. Même son père se montrait distant depuis quelques jours.

Faire le vide. Retrouver ce calme sombre et serein, le son du néant.

La réponse était en lui. Il avait le pouvoir d'atteindre un état supérieur de conscience, de se connecter à la Source. Un pouvoir intuitif. C'était ce qu'on lui avait dit le jour où il avait reçu son amulette. Sa main chercha le médaillon d'or qui pendait à son cou. En caressant le double ouroboros, il imagina le monde se pulvérisant. La tête inclinée, il psalmodia l'ancienne incantation, encore et encore. Et soudain, un déclic se fit dans son esprit. Il savait, à présent, où il avait péché : une variante subtile dans la suite de lettres équidistantes pouvait tout changer.

Les 36 Justes

Cette fois, il obtint un résultat après avoir modifié la myriade de données du serveur. Il lança de nouveau la séquence : le résultat était identique.

Un nom. Un nom qu'il n'avait encore jamais décrypté. Jack Cherle.

Chapitre 22

Queen Mary II

Jack Cherle ouvrit les portes du balcon et contempla l'océan miroitant sous la lune. Encore deux jours de croisière avant que le bateau arrive à Southampton. Sa femme rêvait depuis longtemps de traverser l'Atlantique et le *Queen Mary II* était encore plus fabuleux qu'ils ne l'imaginaient.

Il avait offert cette croisière à Yasmine pour leur trentième anniversaire de mariage. C'était une folie, d'autant plus qu'il avait aussi convié leurs trois fils, leurs belles-filles et leurs petits-enfants. Yasmine était aux anges : ils n'avaient pas passé de vacances en famille depuis longtemps. Car ils consacraient leurs rares congés à des enfants qui n'étaient pas les leurs : chaque été, Jack et Yasmine garnissaient leurs sacs à dos d'écran total, de quelques shorts et tee-shirts, subissaient les vaccinations requises et embrassaient leurs petits-enfants avant de

Les 36 Justes

s'envoler avec Médecins sans frontières vers un pays ravagé par la guerre ou une catastrophe naturelle.

Jack pensa aux enfants affamés qu'il avait tenté se soigner l'été dernier, au Darfour, et à ses cinq confrères massacrés en Afghanistan. Sur le balcon de sa cabine, face à l'immensité de la mer et du ciel, Jack parvenait presque à oublier le chaos qui régnait dans le monde. Presque.

Il avait failli annuler le voyage après le tsunami qui avait frappé le Japon. S'ils n'avaient pas réservé cette croisière depuis plus d'un an, ils seraient partis pour l'Asie. Ils avaient donc fait un compromis : ils s'envoleraient pour Tokyo depuis l'Angleterre.

Parfois, Jack rêvait de plaquer son boulot et de partir avec Yasmine, afin de soigner les enfants les plus démunis des quatre coins du globe. Un jour, peut-être...

On frappa à la porte de la cabine. Emily, sa petite-fille de onze ans, se tenait sur le pas de la porte, en pyjama.

— Je viens te souhaiter bonne nuit, papy. Maman a grondé Timmy parce qu'il veut commander une pizza au room-service. Il dit qu'il crève de faim.

— Dieu merci, ton frère ne connaîtra jamais la faim, sourit Jack en écartant les boucles brunes du visage de la fillette.

Chapitre 23

Aéroport JFK, New York

JFK fourmillait de passagers dont les vols avaient été annulés ou retardés. David et Yaël patientaient dans le principal bar de l'aéroport, guettant le contact d'Avi qui devait fournir un autre passeport. Ils tentaient d'afficher une attitude naturelle, comme s'ils étaient des relations d'affaires prenant un verre avant l'embarquement. Néanmoins, David ne put s'empêcher de sursauter lorsqu'une inconnue arborant une crinière flamboyante et de grandes dents s'exclama :

– Oh, Alan, vous avez fait tomber votre passeport !

La rouquine descendit de son tabouret de bar et s'approcha de leur table avec un sourire chaleureux :

– Vous auriez été bien embêté... déclara-t-elle en lui tendant un passeport, identique en tout point à celui qu'Avi lui avait remis à l'hôtel.

À l'exception du nom : Alan Shiffman.

– Effectivement, sans passeport, je ne risquais pas d'aller bien loin. Merci beaucoup, répondit David avec un sourire forcé.

Et il but son verre d'un trait, s'exhortant à ne pas penser aux sanctions réservées à un témoin recherché par la police, et qui, non content de ne pas se présenter au commissariat le plus proche, fuyait à l'étranger sous une fausse identité.

David, son passeport en poche, se dirigea vers le guichet pour acheter un billet, espérant que les compagnies aériennes ne disposaient pas encore de son signalement. Il jeta un regard rapide à Yaël, qui patientait dans une autre file, coincée entre une mère débordée par deux bambins turbulents et un groupe d'adolescents en tenue de foot. Ils avaient préféré se séparer, par précaution.

– Bonjour, monsieur.

L'hôtesse blonde ramena ses cheveux derrière ses oreilles et posa sur David un regard las. Il lui demanda un aller-retour pour Tel-Aviv via Londres, selon la recommandation d'Avi.

– Voyons ce que je peux vous proposer... Le prochain vol décolle de Londres demain matin à 9 heures. Arrivée à Tel-Aviv à 5 h 35. Vous n'avez que deux heures d'attente à Heathrow. Et vous avez de la chance, il reste cinq places. Votre nom, s'il vous plaît ?

Pendant un bref instant, David sentit des sueurs froides ruisseler le long de sa colonne vertébrale. Lui qui était obsédé par les noms, il avait du mal à retenir celui-ci.

— Alan Shiffman, prononça-t-il lentement, en espérant que la jeune femme ne percevrait pas les battements désordonnés de son cœur.

— Votre pièce d'identité, monsieur Shiffman, s'il vous plaît.

Il lui tendit son passeport d'une main tremblante. La jeune femme l'examina, puis le lui rendit.

— Comment allez-vous régler votre billet ? Carte de crédit, chèque ?

— Liquide, précisa-t-il, car Avi Raz avait omis de lui procurer une carte bancaire au nom d'Alan Shiffman.

En s'éloignant du comptoir, il jeta un regard à Yaël, qui feignait de fouiller dans son sac à main. Il la suivit à quelques pas de distance tandis qu'elle se dirigeait vers les contrôles de sécurité.

Alan Shiffman, se répéta-t-il en serrant sa carte d'embarquement. Alors qu'il passait devant les toilettes, un type portant un tee-shirt Carlsberg et une casquette de base-ball en sortit comme un diable d'une boîte.

— Qu'elle aille se faire foutre ! beuglait-il dans son portable. Je prendrai un avocat. Je savais bien qu'elle n'était qu'une...

Dépassant un vieil homme qui avançait trop lentement à son goût, l'énergumène heurta de plein fouet une hôtesse de l'air tirant une valise à roulettes. Elle perdit l'équilibre, et elle serait probablement tombée si David ne l'avait prestement retenue par le bras. Mince ! Il avait perdu Yaël. Il hâta le pas et la retrouva une dizaine de mètres plus loin, qui l'attendait. *Elle préfère que je passe en premier*, comprit David. Il regarda la file de passagers qui s'étirait devant le portique de sécurité et prit sa place à leur suite.

Jeff Fortelli termina son café et épingla son badge sur le revers de sa veste. Il lui restait quatre-vingt-dix secondes avant de commencer son service. La ponctualité était une qualité importante dans son métier, presque aussi primordiale que d'avoir du flair et un œil de lynx. Sans oublier le sens de la discipline. Tout agent de la Sécurité nationale des transports devait être ponctuel, vigilant et discipliné. Et ceux qui travaillaient dans un aéroport international devaient l'être encore plus, songea Jeff en remontant son pantalon sur ses hanches. JFK était l'une des principales plaques tournantes du trafic aérien mondial, même si son chef et ses collègues avaient parfois tendance à l'oublier, qui faisaient défiler les passagers à la hâte au lieu de les contrôler scrupuleusement.

Certes, les compagnies aériennes se plaignaient que les fouilles retardent les décollages ; et la livraison des bagages à la dernière minute leur coûtait une fortune. Inlassablement, elles émettaient des notes de service réclamant des contrôles plus rapides, même au prix d'une vérification bâclée des bagages à main. Mais était-il raisonnable de brader la sécurité, par les temps qui couraient ?

Jeff jeta son gobelet en polystyrène dans la poubelle et inspecta le panneau d'affichage, comme il s'y astreignait tous les soirs. Il mettait un point d'honneur à consulter quotidiennement tous les avis punaisés, et à mémoriser les noms des passagers qu'il ne devait pas laisser embarquer. Un nouvel avis figurait au tableau. David Shepherd, recherché à propos d'un meurtre commis à son domicile. Malheureusement, il n'y avait pas de photo et Jeff relut l'avis plusieurs fois, afin de mémoriser le signalement du suspect.

Jeff Fortelli s'imaginait déjà, agitant le journal avec son portrait à la une sous le nez de son père. Ce dernier admettrait alors qu'il était aussi doué que son frère aîné, Tony, décoré d'un Purple Heart pour sa blessure en Afghanistan, et qui exhibait à tout bout de champ sa satanée médaille. Il inséra sa carte magnétique dans la pointeuse et se dirigea vers le portique de sécurité, prêt à scruter sans relâche, pendant douze heures, un flot intarissable de visages.

En progressant vers le premier point de contrôle, David observait la jeune femme en uniforme qui vérifiait les passeports. Elle affichait un sourire aimable et une allure décontractée malgré l'uniforme. De multiples barrettes violettes tentaient de domestiquer ses cheveux blonds : en dehors du service, elle devait arborer une coiffure hirsute, et probablement un piercing dans la langue.

La file d'attente s'écoulait assez rapidement et David jeta un coup d'œil par-dessus son épaule. Yaël n'était qu'à sept passagers derrière lui, près du type au tee-shirt Carlsberg qui braillait toujours dans son téléphone.

David regarda les passagers déposer leurs ordinateurs portables, leurs chaussures et leurs clés dans des corbeilles en plastique. La blonde quitta son poste et laissa la place à un agent de la sécurité au cou épais, d'une vingtaine d'années.

Merde : par son attitude arrogante, ce type rappelait à David ses étudiants les plus désagréables. Il mettait un temps fou pour feuilleter les passeports, et les rendait sans même un sourire. David déglutit péniblement lorsque le nouvel agent réclama une seconde pièce d'identité au passager devant lui. L'homme d'affaires fouilla dans son portefeuille et produisit un permis de conduire. Au bout de quelques secondes, l'agent lui fit signe de circuler.

David, de plus en plus tendu, s'exhorta à respirer calmement. Ce type avait à peu près la même taille que lui et la même couleur de cheveux. *C'est moi qu'il cherche.* Il résista à l'envie de tourner les talons : en quittant subitement la file d'attente, il ne ferait qu'attirer l'attention. Les oreilles bourdonnantes, il tendit son passeport à l'agent de sécurité, qui le dévisagea avec un regard froid et suspicieux, puis examina son passeport et sa carte d'embarquement pendant une éternité.

— Je dois vous signaler quelque chose, chuchota David. Le type, là, derrière, avec le tee-shirt Carlsberg et la casquette de base-ball... J'étais aux toilettes en même temps que lui, tout à l'heure. Ça ne veut peut-être rien dire, mais je l'ai trouvé bizarre.

— Comment ça, bizarre ? demanda l'agent en plantant son regard dans le sien.

— Je crois que je l'ai vu cacher un truc sous sa casquette. Ce n'est peut-être rien du tout, mais je préfère vous informer. Avec tous ces attentats...

La mâchoire de l'agent tressaillit imperceptiblement lorsqu'il repéra le type à la casquette dans la file.
– Vous avez bien fait, monsieur.
Et sans plus un soupçon d'intérêt pour David, il lui rendit ses papiers et lui fit signe de passer sous le détecteur de métaux.

Aéroport d'Heathrow, Londres

Son père perdait-il la raison ? Exiger de tout laisser en plan pour aller le chercher à l'aéroport ? Comme s'il ne pouvait pas louer une voiture ou prendre un taxi... et ce message, si péremptoire : « Il faut que je te parle en tête à tête, Chris. Toi seul peux me donner certaines explications. J'atterris à Heathrow à 21 h 47 et je compte sur ta présence. Ne me déçois pas. »
Le Serpent referma le mail avec colère et empoigna sa canne. Il se doucha rapidement afin d'effacer le parfum musqué que Chloé lui avait laissé sur la peau. C'était sans conteste la moins inhibée de ses conquêtes récentes, mais il ne la reverrait pas. Elle était sa dernière récréation, le dernier plaisir charnel qu'il s'était accordé avant de rejoindre l'Arche. Une fois qu'il aurait déposé son père à son club, il ne s'octroierait aucun répit pour mener à bien sa tâche. Il lui fallait décoder le dernier nom, ultime obstacle à la réalisation de leur projet.

Toi seul peux me donner certaines explications. Plus il appuyait sur l'accélérateur de sa Ferrari, plus son irritation envers son père grandissait. Il ressentait aussi un vague malaise, comme des picotements qui maltraitaient sa jambe handicapée.

Il se gara sur le parking de l'aéroport avec dix minutes de retard. Ça commençait mal.

Chapitre 24

En descendant la passerelle reliant l'avion au Terminal 4 d'Heathrow, David secoua ses jambes engourdies par le vol transatlantique. D'ailleurs, même s'il avait réussi à s'assoupir après le déjeuner, il était fourbu.

– Allons boire un Coca, suggéra Yaël. Ça nous réveillera, et puis nous avons un peu de temps avant d'embarquer à bord de l'avion suivant. À dire vrai, se ravisa-t-elle, je préférerais d'abord aller me rafraîchir un peu.

– Pas de problème, je m'occupe de nos boissons.

La file d'attente devant le bar comptait une dizaine de voyageurs. David prit son mal en patience, régla les sodas puis fourra machinalement le ticket de caisse dans sa poche. Alors que ses doigts effleuraient les pierres, il éprouva une curieuse sensation, puis une certitude envahit son esprit : « On m'observe. »

Réagissant aussitôt à ce que lui soufflait son instinct, il embrassa d'un regard circulaire le hall bruyant de l'aéroport. Puis il repéra un homme qui se tenait parfaitement immobile au milieu de la foule, les yeux rivés sur lui.

Non. C'est impossible.

Les années écoulées depuis ce jour terrible s'effacèrent comme par enchantement. David redevenait un adolescent un peu gauche, dévisageant un autre garçon, plus mûr, plus assuré, qui le mettait au défi de risquer sa vie. Ce play-boy aux longs cheveux blonds ne pouvait être...

La voix de Yaël lui parvint au travers d'un brouillard.

— Où allez-vous, David ?

— C'est lui... Mon Dieu, c'est bien lui...

Yaël suivit son regard.

— Le dandy avec une canne ? Qui est-ce ?

Un homme plus âgé posa une main sur l'épaule du play-boy et les derniers doutes de David s'envolèrent.

— Chris Mueller et son père, murmura-t-il en secouant la tête d'un air hébété.

— Le propriétaire de l'agate ? demanda Yaël en écarquillant les yeux.

— J'en mettrais ma tête à couper. Mais comment est-ce possible ? Quatre ans après l'accident, les médecins disaient qu'il ne sortirait jamais du coma.

— Partons vite, avant qu'il vous reconnaisse à son tour, répliqua Yaël avant d'entraîner David parmi la foule, en direction du terminal 1.

Tandis que Chris manœuvrait sa Ferrari pour quitter le parking, il houspillait son père :

— C'est David Shepherd, j'en suis sûr et certain. Si tu avais bien voulu te donner la peine de te retourner, tu l'aurais reconnu, toi aussi. Cet abruti n'a pas changé depuis qu'il m'a fait tomber de ce toit.

— Tais-toi ! aboya Erik Mueller avant de composer un numéro sur son portable. Eduardo ? David Shepherd et la femme sont en ce moment même à Heathrow.

Chris serra les dents pour réprimer sa colère. En quoi Shepherd intéressait-il Di Stefano ? Il regretta de ne pas avoir abordé David, et il écrasa la pédale de l'accélérateur.

— Chris, je veux la vérité, maintenant, reprit son père en refermant son téléphone. Cette agate qui s'est volatilisée de mon bureau il y a dix-neuf ans, c'est toi qui l'as prise ?

— Tu m'as posé la même question quand je suis sorti du coma, commenta Chris, les yeux fixés sur la route.

— Et ta réponse est toujours la même ?

— Toujours. Pourquoi en reparler quinze ans après ?

— La pierre a refait surface, annonça Mueller.

— Eh bien, maintenant, tu as la preuve que ce n'est pas moi qui l'ai, rétorqua Chris en crispant les mains sur le volant.

— Nous savons de source sûre qu'elle est entre les mains de David Shepherd.

— On retourne à l'aéroport, décréta Chris. Je vais lui régler son compte.

— Ne nous dispersons pas, répliqua fermement son père. Les Anges Noirs s'en occuperont. En revanche, tu ne trouves pas curieux que Shepherd possède l'agate ? Si ma mémoire est bonne, et je sais que je peux me fier à elle, la pierre a disparu au moment de notre visite chez lui... au moment de ton accident.

Ce salaud ne m'a pas seulement volé quatre années de ma vie, il s'est aussi approprié un joyau dont ma famille s'enorgueillissait depuis le XIIe siècle.

— Curieux ? Pourquoi devrais-je trouver cela curieux ? demanda Chris en feignant la surprise.

— Parce que Shepherd œuvre pour l'ennemi, répliqua Erik avec colère. Voilà pourquoi je voulais te voir, aujourd'hui. Il se trouvait chez ben Moshé le jour où les Anges Noirs l'ont tué. Il a eu de la chance : il a réussi à s'enfuir en emportant la pierre et les documents placés dans le coffre du rabbin. Mais ce n'est qu'un fâcheux contretemps.

— Et Di Stefano t'a dit quoi ?

— Shepherd collabore avec une archéologue israélienne du nom de Yaël Harpaz. Le plus grave, c'est qu'il connaît les noms des Justes. Il les a notés dans un cahier.

Chris faillit emboutir la voiture devant lui. *J'ai travaillé pendant plus de dix ans, j'ai sué sang et eau pour trouver les noms de ces idiots, alors que ce salaud...*

— Comment ça ? Quelles sont ses sources ? Combien de noms détient-il ?

— Calme-toi, s'il te plaît, je n'ai guère envie de mourir. Je n'ai pas encore vu son journal, mais Di Stefano suppose qu'il a tous les noms.

— Et c'est maintenant que tu me le dis ! vociféra Chris en frappant le volant du poing.

— Je le sais depuis peu, admit son père. Mais revenons-en à l'agate. Tu t'obstines à maintenir cette version ?

Chris garda le silence.

— Bien, fit son père en se calant contre le dossier de

son siège. Di Stefano a décidé d'un changement de programme dû à l'existence de ce journal. Il a suspendu l'ordre de tuer donné aux Anges Noirs.

— Pour quelle raison ?

— Le Cercle veut Shepherd vivant. À cause de Stacy Lachman, dont le nom te dit sans doute quelque chose.

— Évidemment que je connais Stacy Lachman, répondit Chris avec agacement. C'est moi qui ai donné son nom au Cercle, et pas plus tard que la semaine dernière !

— Shepherd aussi connaît ce nom. Stacy Lachman est sa belle-fille, la fille de son ex-femme. Raoul est dans l'avion avec elle, en direction de Londres.

— Et Shepherd va vouloir la sauver, murmura Chris.

— C'est probable. Nous le tiendrons bientôt, lui, son journal et l'agate, ainsi que l'ambre du rabbin. Réunies avec l'émeraude et l'améthyste qui sont déjà dans l'Arche, les pierres feront pencher la balance un peu plus de notre côté. Di Stefano souhaite que tu finisses ta mission dans l'Arche. L'heure approche, et si les Anges Noirs ne parviennent pas à conduire Shepherd jusqu'à nous, ce sont les supplications de sa belle-fille qui l'y attireront.

כה

Chapitre 25

Les lueurs opalines de l'aube éclaircissaient le ciel au-dessus le Londres. Mais Stacy ne pouvait pas les admirer : recroquevillée sur un lit de camp, dans la pénombre d'une cellule souterraine à peine plus grande qu'un placard, elle émergeait du sommeil artificiel provoqué par les sédatifs. En dépit du radiateur encastré dans le roc, ses membres étaient parcourus de tremblements. Son esprit lui criait de se secouer et de fuir, mais son corps était si engourdi qu'elle ne pouvait pas même bouger les doigts.

Glasgow, Écosse

Les roulettes de sa valise claquant derrière lui, Dillon gravit les marches de la vieille abbaye. Cornelius McDougall l'attendait sur le pas de la porte en bois sculpté, arborant un maintien de jeune homme démenti par les striures grises qui parsemaient sa chevelure rousse.

— J'ai de la Bellhaven au frais, annonça-t-il en serrant la main de Dillon. Ensuite, tu pourras faire un brin de toilette avant le dîner.

L'odeur caractéristique de l'abbaye, un mélange de paraffine, d'encens et d'humidité suintant des murs de pierre, lui rappelait le premier été qu'il avait passé au séminaire. Il brûlait d'envie de demander à Cornelius des nouvelles de l'évêque, mais mieux valait d'abord saluer les autres religieux et le père supérieur.

Dillon leva donc sa chope débordante de mousse, trinqua avec Cornelius et s'efforça d'occulter la pierre, cette pierre qui avait occupé son esprit pendant toute la durée du voyage en avion et qu'il était venu chercher.

כו

Chapitre 26

Jérusalem, Israël

En apercevant Jérusalem au loin, avec ses murailles teintées de rose par les premiers rayons du soleil, David eut le souffle coupé. Yaël avait demandé au chauffeur de leur taxi de s'arrêter au bord de la route qui montait depuis Tel-Aviv.

– Vous comprenez pourquoi on l'appelle la Ville d'or ? dit-elle, radieuse en dépit de la fatigue que son visage accusait. La tradition juive enseigne que Dieu a donné dix mesures de beauté au monde, dont neuf à Jérusalem.

David, encore tout émerveillé, remonta dans le taxi.

Ils avaient atterri à Tel-Aviv peu avant l'aube et David n'avait guère prêté attention aux immeubles modernes de la grande agglomération en bord de mer. La seule chose qui l'avait frappé, c'était la chaleur humide, de si bon matin. La route qui menait à Jérusalem gravissait des collines rocailleuses parsemées de cyprès. Les carcasses de camions et de blindés gisant çà et là sur les bas-côtés avaient été volontairement laissées sur place, avait expliqué Yaël, en souvenir de la première guerre israélo-arabe de 1948, qui avait débuté le lendemain de la déclaration d'indépendance de l'État juif.

David, éreinté par les dangers courus les jours précédents et taraudé d'inquiétude pour Stacy, n'envisageait aucunement son séjour en Israël comme un voyage touristique. Il ne put cependant s'empêcher d'être fasciné par la ville cinq fois millénaire, par cette étonnante harmonie d'édifices antiques et d'architecture contemporaine, de sites bibliques et de fast-foods cashers. Il se dévissa le cou pour contempler le King David, ce palace légendaire où se pressent les chefs d'État et les diplomates du monde entier sous les flashes des photographes. Puis la voiture s'engagea sous la porte de Jaffa et pénétra dans la Vieille Ville, où séjournait le père de Yaël, Yossef Olinsky. Le célèbre archéologue se trouvait à Jérusalem depuis deux jours afin d'expertiser les fragments récemment découverts du *Livre des noms* conservés au musée d'Israël, dont le dôme blanc, le Sanctuaire du Livre, abritait aussi les manuscrits de la mer Morte et une importante collection de textes antiques.

— Votre père a trouvé des éléments intéressants ? s'enquit David en s'agrippant au siège, ballotté par les embardées du chauffeur qui slalomait entre les piétons indisciplinés.

— Pas pour l'instant, répondit Yaël alors que la voiture s'engageait dans l'artère la plus animée de la Vieille

Ville. Le *Livre des noms* ressemble à un puzzle géant. Pour compliquer la tâche, les pièces sont enterrées dans le désert et, quand nous mettons la main dessus, il faut d'abord les dater, puis déterminer à quel papyrus elles appartiennent.

Le chauffeur donna un brusque coup de frein pour éviter un chat. Yaël ferma les yeux, prit une profonde inspiration et poursuivit :

— Mon père est venu à Jérusalem pour examiner l'encre des derniers morceaux de parchemin découverts. Le matériel dont nous disposons à Safed n'est pas du dernier cri, et certains petits détails nous échappent parfois. Nous trouverons peut-être les noms des Lamed Vav dans ces fragments, expliqua Yaël en débouchant une bouteille d'eau. Rien ne nous indique que tous les Justes figurent dans votre cahier.

Des odeurs d'épices et de viande mijotée flottaient dans les rues pavées, éveillant l'appétit de David. La jeune femme but quelques gorgées, puis se pencha vers le chauffeur.

— Ce sera la prochaine à droite... Voilà, c'est la porte rouge. Permettez-moi de vous prévenir, David, ajouta-t-elle en se tournant vers lui avec gêne, que mon père n'est pas toujours très agréable.

Yaël le guida vers un petit salon aux murs couverts de tableaux. Une collation les attendait sur la table basse : une théière en cuivre martelé, des biscuits, des tranches de pastèque, des olives.

Yaël embrassa son père, un homme immense, au visage buriné et aux cheveux gris et bouclés. Avec sa stature et son allure autoritaire, il aurait pu diriger une armée plutôt qu'une équipe d'archéologues penchés sur des vestiges.

Le professeur Yossef Olinsky serra la main de David en le toisant d'un regard sévère :

— *Baruch haba*, monsieur Shepherd, bienvenue, dit-il en désignant un canapé garni de coussins aux couleurs vives. Restaurez-vous et détendez-vous un peu : une longue journée s'annonce.

Pendant que David remplissait sa petite assiette, Yaël et son père échangèrent des propos assez vifs en hébreu. Il ne saisissait pas un traître mot de leur conversation, mais il percevait une tension certaine.

— Pas d'olives ? demanda soudain l'archéologue à David.

— Je les préfère dans un Martini plutôt qu'au petit déjeuner...

Yaël et son père éclatèrent de rire.

— Croquez-en quelques-unes si vous voulez survivre au climat de notre pays, conseilla Yossef Olinsky. En Israël, nous avons l'habitude de manger salé dès le matin, pour éveiller la soif et boire en quantité suffisante.

Et il s'empara de deux olives qu'il déposa dans l'assiette de David.

— On a vite fait de se déshydrater, ici, précisa Yaël.

Ils mangèrent rapidement, puis se préparèrent à partir. Avant de franchir la porte, l'archéologue sortit une petite boîte en plastique de son sac à dos et la tendit à David sans un mot.

Les 36 Justes

Ce dernier souleva le couvercle : la boîte contenait une chaîne en or, ornée d'un pendentif représentant les deux lettres hébraïques *'het* et *yod*, qui formaient le mot *'haï*, la vie. Il avait reçu un présent similaire pour sa bar-mitsva, mais il ne savait même plus où il l'avait rangé.

— Un *'haï*... s'étonna David en considérant l'archéologue.

— Pour les juifs, rien n'est plus sacré que la vie, commenta sèchement le père de Yaël. Selon les sages, celui qui sauve une vie sauve l'humanité entière. Aujourd'hui plus que jamais, poursuivit-il, nous nous devons de respecter cette injonction. D'après ma fille et rabbi ben Moshé, vous pouvez sauver les derniers Justes... à condition de vous dépêcher.

Sur ces mots, il tourna les talons et s'engagea dans l'escalier.

— Mon père tout craché, soupira Yaël en soulevant la chaîne. Ne le prenez pas mal...

Habilement, elle ouvrit le fermoir et accrocha le *'haï* autour du cou de David, qui tressaillit au contact de ses doigts fins.

Ils roulèrent près de trois heures pour atteindre Safed. Les olives se révélèrent efficaces et David asséna une grande bouteille d'eau minérale. À plusieurs reprises, il essaya de joindre Stacy, Meredith et Hutch, en vain. Afin de l'apaiser et pour agrémenter le long trajet, Yaël et son père retracèrent l'histoire de leur ville à son intention. Il fut étonné d'entendre que Safed comptait parmi les quatre villes saintes d'Israël, aux côtés de Tibériade, Hébron et Jérusalem. En traversant les vertes plaines de la Galilée et admirant au loin le lac de Tibériade, il apprit que la cité remontait à l'année 70 de notre ère, un an avant que les Romains n'érigent le Colisée, et précédant d'un bon siècle les premiers temples mayas. Bien plus tard, au XVIe siècle, de nombreux érudits s'y étaient réfugiés, la plupart expulsés d'Espagne par l'inquisition. Pendant que Shakespeare écrivait *Macbeth*, que Michel-Ange ornait la chapelle Sixtine de fresques somptueuses et que François Ier triomphait à Marignan, les kabbalistes transformaient Safed en haut lieu mystique.

— Le parc de la Citadelle, dit Yaël en indiquant le sommet d'une colline. Les croisés y ont édifié une forteresse quand ils ont conquis la ville, et ont chassé tous les juifs. Les Templiers ont administré la ville avant sa conquête par les Ottomans en 1517, comme tout le reste du pays, d'ailleurs.

Des *hassidim* en redingote et chapeau noirs, vêtus tels leurs ancêtres polonais du XIXe siècle, se hâtaient dans les rues du centre-ville, dépassant des hordes de touristes en short flânant entre les ateliers de peintre, les synagogues médiévales et les cafés.

— Le centre Gabrieli est au bout de l'impasse, signala le professeur Olinsky.

Une longue bâtisse blanche se dressait derrière une grille en bronze, au milieu de cactus et d'arbustes fleuris. Avec son toit de tuile, elle ressemblait davantage à un restaurant italien qu'à un institut international d'étude.

Les 36 Justes

Alors que la voiture ralentissait, le téléphone de David sonna.

– C'est Stacy ! s'exclama-t-il en prenant l'appel. Allô, Stacy, ça...

Son cœur s'arrêta de battre.

Chapitre 27

Bloomsbury, Londres

Elizabeth Wakefield considéra la chambre du luxueux appartement avec un sourire ravi. Son amant adorait chacun des coussins qu'elle avait choisis, mais aussi les draps de coton égyptien crème et or. Il lui avait dit que ce lit était magnifique, mais qu'elle était plus sublime encore.

Elizabeth savait bien qu'elle n'était pas belle, avec son menton trop pointu et ses cheveux fins, mais lui la trouvait belle, et dans cette chambre, elle le croyait.

Il était marié, bien sûr, mais aussi riche et influent. Comme elle. Ils s'étaient rencontrés par hasard au bar du Théâtre royal, où elle attendait son mari, et lui son épouse. Jusqu'à ce soir qui avait changé sa vie, elle n'avait jamais imaginé connaître les frissons d'une aventure extraconjugale. Principale associée du cabinet d'avocats fondé par son grand-père, Elizabeth n'était pas une femme volage et elle s'entendait bien avec son chirurgien d'époux.

Elle s'était donc étonnée elle-même en acceptant le verre que lui avait proposé ce charmant inconnu, puis son invitation à dîner. Ce dîner avait été suivi d'un autre, et quatre ans plus tard, de soirées volées en après-midi clandestins, ils se retrouvaient régulièrement dans leur appartement de Bloomsbury. Leur aventure torride se mua en authentique amour à Monaco, alors qu'elle était censée assister à un congrès sur la propriété intellectuelle. Il était si doux, si généreux, si intelligent, songea-t-elle en allumant les bougies dorées sur la table de nuit, puis en vaporisant de la brume de lavande sur le lit.

Lorsque la sonnette retentit, Elizabeth vérifia son maquillage dans le miroir, ajusta le rubis qui ornait son décolleté et lissa rapidement le devant de sa robe-fourreau noire, puis elle ouvrit la porte. Au premier coup d'œil, elle comprit que quelque chose n'allait pas.

– Que se passe-t-il ? Tu as l'air triste.

– Non, non, rien de grave, ne t'inquiète pas, répondit son amant en secouant la tête. Mais je dois partir d'urgence pour Genève et je voulais te prévenir.

– Entre tout de même un instant, suggéra-t-elle en le prenant par la main et en l'attirant à l'intérieur.

– Elizabeth, je t'en prie. Mon chauffeur m'attend en bas pour me conduire directement à l'aéroport. Je serai absent pendant plusieurs semaines, ajouta-t-il en baissant les yeux vers sa montre.

Elle le connaissait suffisamment pour deviner qu'il lui cachait quelque chose.

– Bien, fit-elle en haussant les épaules. Je disposerai d'autant plus de temps pour préparer la défense de Penobscot.

Il la prit dans ses bras et lui couvrit le visage de légers baisers.

– Tu vas me manquer, Elizabeth. Je t'appellerai bientôt.

À cet instant, elle perçut que tout était fini entre eux.

– Ne fais pas attendre ton chauffeur, répliqua-t-elle en s'efforçant de retenir ses larmes.

Elle l'embrassa une dernière fois et ferma la porte derrière lui.

Sous la ville de Londres, une centaine de mètres plus bas que l'actuel réseau du métro, un labyrinthe de galeries sillonne les profondeurs où les rames d'antan circulaient. Ces tunnels sont désaffectés depuis les années 1930, même si certains ont servi d'abris antiaériens pendant la Seconde Guerre mondiale, et d'autres sont convertis en entrepôts. Rares sont les Londoniens qui se rappellent où débouchent les escaliers en colimaçon menant à ce dédale souterrain. Et plus rares encore sont ceux qui savent qu'au pied de la Tour de Londres, sous le lit de la Tamise, le système de ventilation des tunnels s'active à nouveau.

Eduardo Di Stefano descendait les marches escarpées avec son épouse, en la tenant par le coude : il était de son devoir de l'accompagner. Cependant, il avait hâte de remonter à la surface et de trouver le Serpent.

Le Cercle s'était hâté d'aménager la chambre souterraine où ce dernier parachèverait ses recherches. L'ordinateur aurait dû ronronner sans relâche, indiquant le décryptage du dernier nom, alors qu'il n'était même pas allumé. Personne dans l'Arche ne savait où était le Serpent.

— Dépêchons-nous, *bella*. Le Cercle se réunit dans une heure.

— Montre-moi juste où sont nos quartiers, Eduardo, et je déballerai nos bagages sans toi.

Les talons de Flora claquaient avec assurance sur le métal. Fascinée, elle admirait cet environnement majestueux bien que rudimentaire. Eduardo lui avait souvent décrit l'Arche, mais c'était la première fois qu'elle y pénétrait. Leurs enfants et leurs petits-enfants arriveraient de Milan dans la soirée. Elle se revoyait leur apprendre les hymnes du Gnoseos quand ils étaient petits, les préparer à l'Ascension. Contrairement à ce que pensait Eduardo, elle avait quitté leur belle villa sans regret ni crainte.

— Le moment que nous attendons depuis des siècles, Eduardo ! dit-elle d'une voix haletante. Notre libération est imminente.

Son mari lui posa une main sur l'épaule.

— Sans ton soutien, jamais je n'aurais pu accomplir tout ce que j'ai accompli, *bella*. Ta ferveur a presque surpassé la mienne.

— Le meilleur est encore à venir, répondit-elle en souriant.

Elle ne ressentait aucune peine pour ceux qu'elle laissait derrière elle. Certes, avant de quitter l'Italie, elle avait téléphoné à son frère Alfonso, qui ne s'était pas douté une seconde que c'était la dernière fois qu'ils se parlaient. Pas un seul membre de son immense famille milanaise ne suspectait les rites secrets qu'elle pratiquait depuis son mariage avec Eduardo. Ils pensaient tous qu'elle avait perdu la foi. Ils ne pouvaient pas être plus loin de la vérité : elle ne doutait aucunement de l'existence de Dieu, mais elle savait qu'Il avait créé un monde illusoire.

Chaque fois qu'elle absorbait la liqueur qui lui permettait d'atteindre un niveau supérieur de conscience, elle sentait croître le lien qui l'unissait à la Source. Maintenant, le temps était venu de se libérer.

Chapitre 25

Safed, Israël

– Qui est à l'appareil ? hurla David dans le téléphone. Où est Stacy ?
– Tu sais très bien qui je suis, David. Tu as quelque chose qui m'appartient. Et j'ai quelque chose qui t'appartient.

Chris Mueller.

– Qu'est-ce que tu veux, Mueller ?

Un rire sauvage retentit, puis la communication fut coupée.

– Que se passe-t-il ? demanda Yaël en saisissant le bras de David.

– Mueller a enlevé Stacy. J'ignore où ils sont. Il m'a raccroché au nez.

D'une main fébrile, il composa le numéro de Stacy. La ligne sonnait occupée. Il n'y avait plus de doute maintenant : Chris faisait partie du Gnoseos. *Et Stacy...*

Stacy est une Lamed Vav. Comme tous ceux dont j'ai noté les noms dans mon journal.

Yaël et son père avaient raison : le Gnoseos cherchait bel et bien à détruire le monde. Et si ses membres avaient déjà tué Stacy ? songea David avec une panique grandissante.

Non. Chris va la maintenir en vie jusqu'à ce qu'il ait récupéré la pierre. Jusqu'à ce que je la lui rapporte.

— Il vous manipule, déclara Yaël, comme si elle lisait dans ses pensées. Il ne lui fera pas de mal, David, tant qu'il n'aura pas obtenu satisfaction. Mais vous ne pouvez pas...

— Lui rendre la pierre ? Et pourquoi pas ? explosa-t-il en serrant son pendentif aux lettres hébraïques. La vie n'est-elle pas la valeur absolue ? N'est-ce pas ce que votre père m'a dit ? La vie d'une enfant est en jeu, et pour moi, il n'y a rien de plus important !

— Et le reste du monde ? intervint Yossef. La vie d'une seule enfant vaut-elle davantage que l'humanité tout entière ?

— C'est une Lamed Vav, répliqua David, en se maîtrisant au prix d'un suprême effort. Si je la sauve, je sauverai le monde. C'est votre théorie, non ? Nous avons vu Mueller à Londres, poursuivit-il. Je reprends l'avion dès ce soir. Mais je vous laisse mon journal.

Il le sortit de son sac et le tendit à Yaël.

— Faites-en ce que vous voudrez, ajouta-t-il. Vous n'avez pas besoin de moi. Donnez-moi le numéro des réservations d'El Al, s'il vous plaît.

— Allons, David, lui dit Yossef posément, nous nous occuperons de votre réservation, mais vous devez prendre conscience que nous sommes dans une situation critique.

David dévisagea tour à tour le père et la fille, consterné par leur insensibilité alors que des scénarios plus macabres les uns que les autres défilaient dans son esprit. Qu'était-il arrivé à Hutch ? À Meredith ? Tout en s'évertuant à chasser ces visions cauchemardesques, il suivit à contrecœur Yaël et Yossef dans le grand hall climatisé du centre, au sol recouvert de linoléum moucheté.

Lui revinrent alors en mémoire les encouragements de Hutch au pied de la montagne, lorsqu'il s'était échiné à surmonter ses phobies. « Les sommets paraissent insurmontables, lui avait-il dit, mais aucun ne l'est. Envisage l'escalade une étape après l'autre, sans te préoccuper d'arriver tout en haut. » Les paroles de son ami, ainsi que sa présence rassurante, lui avaient permis d'éprouver une étrange sérénité, un calme forcé qui avait peu à peu fait place à la confiance. Face à ce défi inouï que représentait le Gnoseos, David n'avait d'autre choix que de tenter de remporter des victoires l'une après l'autre, comme Hutch le lui avait appris. Aussi respira-t-il profondément, en essayant de faire le vide et d'apaiser sa colère.

Il perçut vaguement la voix de Yaël qui téléphonait à la compagnie aérienne. Il sortit les pierres de sa poche et les examina. L'agate et l'ambre jetaient des éclats éblouissants. *Je me suis plié une fois à la volonté de Chris. Bêtement. Impulsivement. J'ai failli y laisser ma peau. Je ne commettrai pas deux fois la même erreur.*

— Désolée, David, tous les avions sont cloués au sol jusqu'à nouvel ordre, annonça Yaël.

— Comment ça ?

— Inutile de vous emporter. Nous sommes en état d'alerte de sécurité maximale. Il semble que l'Iran nous menace d'une attaque nucléaire, répondit Yaël d'une voix chargée d'angoisse. Les infos, vite.

Au pas de course, la jeune femme l'entraîna jusqu'au réfectoire du centre, où Yossef et une dizaine de personnes suivaient un bulletin d'information sur un écran de télévision fixé au mur du fond.

— Les Iraniens accusent Israël et les États-Unis d'être responsables de l'explosion dans le port de Dayyer, expliqua une femme en les voyant arriver.

David se raidit. Le présentateur du journal indiquait que le bilan se portait maintenant à trois cents morts. Ne s'était-il écoulé que quelques jours depuis qu'il avait appris la catastrophe à l'aéroport de Washington ? Une éternité depuis qu'il s'était envolé pour New York...

— Et c'est pour cela que des millions d'innocents doivent mourir ? s'emporta un homme ventripotent. Il nous faut un miracle.

— Rabbi, voici l'homme qui est peut-être capable d'accomplir ce miracle, déclara calmement Yossef.

Dix paires d'yeux se braquèrent sur lui et le regardèrent poser une main sur l'épaule de David.

— Rabbi Cardoza, voici David Shepherd. Il a apporté son carnet à Safed ainsi que deux des pierres précieuses du pectoral de notre Cohen Gadol.

Les 36 Justes

Une rage sourde s'empara de David, qui serra les poings. Ces kabbalistes fous se moquaient bien du sort de Stacy.

— Aidez-nous, David, lui souffla Yaël. Pour l'instant, c'est la seule façon d'agir pour secourir Stacy. Dès que l'aéroport rouvrira, vous serez libre de partir, je vous le promets. Mais dans l'immédiat, votre présence nous est aussi indispensable que votre cahier. Votre cerveau renferme peut-être d'autres informations. C'est ici, et nulle part ailleurs, que vous devez vous trouver. Pour le bien de Stacy. Pour la poignée de Lamed Vav encore vivants. Pour l'humanité.

Ai-je le choix ? songea David, que son impuissance désespérait. Regardant rabbi Cardoza, un homme au teint mat, guère plus âgé que lui, droit dans les yeux, il saisit la main que celui-ci lui tendait.

— Par où commençons-nous ? lança-t-il d'un ton peu amène.

Tandis qu'ils montaient au dernier étage puis traversaient un vaste laboratoire informatique, rabbi Cardoza présenta brièvement le centre Gabrieli à David.

— Nous étudions ici les lambeaux de papyrus qui ont été validés par l'Autorité des antiquités, à Jérusalem. Tous les fragments découverts par les archéologues sont authentifiés et datés par l'AA. Ensuite, nous numérisons les textes afin d'en décrypter les codes éventuels.

— David est un néophyte, rabbi, intervint Yaël.

— Eh bien, avant toute chose, nous cherchons les noms de Dieu cachés dans le texte.

Encore des noms ? Je ne devrais même pas m'étonner...

— « Les noms » de Dieu ? s'exclama toutefois David. Combien en a-t-il ?

— Soixante-douze, répondit Yaël. Adonaï et Élohim sont les plus courants.

Rabbi Cardoza décocha à Yaël un sourire approbateur.

— Vous avez retenu la leçon, à ce que je vois. Nous pensons aussi que la Torah, si l'on supprime les espaces entre les mots, contient encore d'autres noms de Dieu, précisa-t-il à l'adresse de David.

— Imprononçables, j'imagine, marmonna David.

Le rabbin arqua un sourcil mais s'abstint de tout commentaire et entraîna ses visiteurs dans la bibliothèque, abondamment éclairée par une rangée de fenêtres en arc brisé. Des hommes coiffés de calottes étaient penchés au-dessus de rouleaux de parchemin étalés sur de longues tables de chêne. D'autres étudiaient des listages informatiques entre des piles de grimoires.

C'est donc ici qu'ils ont comparé les noms de mon journal avec ceux qu'ils ont trouvés dans leurs manuscrits, pensa David.

— Je vous présenterai Binyamin et Rafi tout à l'heure, chuchota rabbi Cardoza en le poussant vers une petite salle de travail.

Des documents s'empilaient sur une table ronde, à côté d'un pot contenant des crayons bien taillés.

— Puis-je voir votre journal, David ? demanda Cardoza en s'asseyant sur une chaise en plastique.

David se tourna vers Yaël, qui tendit le cahier au

rabbin. Celui-ci le posa respectueusement sur la table et sortit une paire de lunettes de sa poche de poitrine.

— Asseyez-vous, dit-il. Nous avons peu de temps et beaucoup de choses à nous dire.

Démentant ses paroles, Cardoza parcourut sans hâte les pages du cahier rouge en se reportant de temps à autre aux tirages informatiques qu'il avait à sa disposition. *Que cherche-t-il ?* se demandait David en rongeant son frein.

— Je pense que rabbi ben Moshé n'avait pas pris la pleine mesure de l'importance de ce journal, décréta-t-il enfin.

Yaël étouffa un petit cri de surprise. Interdit, Yossef se pencha en avant.

— En quoi ? s'étonna David. Y avez-vous trouvé les noms manquants ?

— Non. Pour cela, nous allons devoir numériser tout le contenu de votre journal. Mais au premier coup d'œil, je suis frappé par la façon dont les noms vous sont venus, professeur... Les noms apparaissent toujours dans le même ordre dans les parchemins que nous avons découverts. Chez vous, l'ordre diffère. Votre cahier recèle peut-être la clé qui nous échappe.

— Vous pensez qu'il y a un message codé dans le carnet de David ? demanda Yaël avec animation.

Cardoza hocha la tête et croisa les mains sur son ventre rebondi.

— Certes, connaître l'identité des Lamed Vav peut nous permettre de les sauver. Mais au-delà de cela, Je crois que la séquence des noms, en effet, est chargée d'une signification que David ignore encore.

— Et comment pourrais-je la connaître ? questionna-t-il, tendu. Puisque le temps nous est compté, vous pourriez peut-être m'aider, me plonger dans une transe, ou quelque chose comme ça.

— Si seulement c'était aussi simple ! soupira Cardoza. Vous n'êtes pas mathématicien, et moi non plus. Mais ce sont les mathématiques qui ont permis de décoder la Torah, les cinq Livres de Moïse ou Pentateuque. Ici, au centre Gabrieli, nous utilisons les logiciels informatiques qui ont permis de mettre au jour ce qu'on a appelé les « codes secrets de la Bible ».

— Je n'ai noté que les noms des Lamed Vav, murmura David en serrant les accoudoirs de son siège. Êtes-vous en train de me dire qu'il y a peut-être autre chose parmi ces noms ?

— C'est ce que nous allons tenter d'éclaircir, répondit Cardoza en prenant le cahier sous le bras et en se dirigeant vers la porte. Binyamin, lança-t-il doucement à l'un des occupants de la bibliothèque.

Un homme dont le crâne chauve luisait autour de sa calotte noire se leva aussitôt et s'approcha du rabbin.

— Fais une copie du journal du professeur Shepherd et passe-la au crible. Je te signale que les noms ne sont pas dans le même ordre que sur les papyrus. Tâche de comprendre pourquoi. Et presse-toi...

L'homme prit le cahier et s'éloigna à pas pressés.

— Comment fonctionnent vos logiciels ? s'enquit David. Et, en définitive, comment décryptez-vous les messages cachés ?

— C'est assez compliqué, répondit Cardoza en se rasseyant à la table, mais je vais m'efforcer de faire court. Tout d'abord, vous devez comprendre que, l'hébreu étant considéré comme une langue sacrée, l'alphabet hébraïque n'est pas purement fonctionnel. D'après nos sages, chaque lettre est chargée d'une dimension mystique.

— Comme les pierres, murmura David.

— Tout à fait, opina rabbi Cardoza. À propos, si vous voulez bien me les donner, s'il vous plaît...

Dans la campagne écossaise

— Encore un peu de thé, mon fils ?

Alors que Mgr Ellsworth versait du thé de Ceylan dans sa tasse d'une main peu assurée, Dillon ne put s'empêcher de remarquer combien la santé du vieil ecclésiastique s'était dégradée.

— Je regrette tellement de ne pouvoir t'inviter à rester dîner, alors que tu as fait un si long voyage pour venir me voir, mais mon vol pour Londres décolle dans moins de trois heures...

En regardant Dillon de ses yeux gris empreints de bonté, l'évêque eut un haussement d'épaules consterné.

— Ne vous excusez pas, monseigneur. C'est moi qui suis navré d'arriver à l'improviste, à un moment inopportun.

Dillon but une gorgée de thé au lait, puis il mordit dans une part de la tarte au citron que la gouvernante avait déposée sur la table avant de prendre congé de l'évêque. Ils n'étaient plus que tous les deux, à présent, dans le petit cottage au charme suranné, non loin du château en ruine qui abritait autrefois l'un des pavillons de chasse de la Couronne. La maison de campagne où le prélat s'était retiré n'avait rien d'ostentatoire, mais le luxe discret du mobilier – de la nappe en dentelle à l'horloge octogonale en obsidienne et or massif – ne lui avait pas échappé. Quant à l'évêque, sa mise évoquait plus une soirée à l'opéra qu'un voyage en avion. En outre, la bague à son index droit, un rubis enchâssé dans une monture d'or, attirait le regard de Dillon comme un aimant. Il se rappelait l'avoir admirée des années auparavant, lors de leur première rencontre, pendant cette conférence à Rome. À l'époque, il n'avait pas la moindre idée de ce que signifiaient les inscriptions gravées sur le cabochon.

Il avala sa dernière bouchée de tarte et s'essuya les lèvres. Mgr Ellsworth se leva et commença à débarrasser la table.

– Attendez, je vais vous aider.

Dillon prit le plateau en argent des mains du vieil homme et le suivit jusqu'à l'évier, où il fit mine de déposer la vaisselle pour se retourner brusquement et abattre le plateau sur le crâne de l'évêque.

L'ecclésiastique chancela, heurta le robinet et s'affaissa sur le sol. Dillon s'agenouilla près de lui, ôta la bague et la passa à son doigt. *Réouven.* Ruben. Il savait déchiffrer l'hébreu maintenant, tout au moins les noms des douze tribus.

– Vous allez manquer votre avion, monseigneur, dit-il en enjambant le corps inerte et en s'emparant de l'enveloppe, au logo de la Lufthansa, que l'évêque avait posée sur sa valise.

Quelques minutes plus tard, il enfourchait la Mobylette qu'il avait empruntée et fonçait sur la petite route de campagne en direction de l'abbaye.

Lui aussi avait un avion à prendre.

Chapitre 29

David extirpait à contrecœur les pierres de la poche de son pantalon. Comment se séparer de l'agate qui l'accompagnait depuis près de vingt ans ? Le kabbaliste les contempla comme s'il s'agissait du cadeau le plus précieux que l'on eût pu lui offrir.

— Qu'allez-vous en faire ? interrogea David.

Cardoza leva des yeux emplis de gratitude et d'espoir.

— Je vais les placer en lieu sûr, répondit-il. Avec celles que nous avons déjà retrouvées. Prions pour qu'elles nous permettent de remporter cette bataille.

Il glissa les pierres dans une petite bourse. Puis en ajustant de nouveau sa kippa, il fronça les sourcils lorsque retentit une sonnerie de portable. Le cœur battant, David sortit son téléphone de sa poche.

— David... Oh, David...

La voix de Meredith était si faible qu'il avait du mal à la comprendre.

— Dans quel hôpital es-tu ? OK, essaye de rester

calme. Je te rappelle dès que je sais quelque chose. Je vais la retrouver, je te promets que je vais la retrouver.

Sidéré, il referma son téléphone. *Hutch était mort. Meredith grièvement blessée. Et Stacy...*

Tout à coup, il s'aperçut que les regards avaient convergé vers lui.

— David ? souffla Yaël d'une voix blanche.

— Il avait un œil bleu et un œil marron, dit-il.

— Qui ? demanda-t-elle en se levant et en s'approchant de lui. De qui parlez-vous ?

— De l'ordure qui a enlevé Stacy.

— Je comprends que votre esprit soit ailleurs, lui dit rabbi Cardoza une heure plus tard en l'enveloppant d'un regard empreint de compassion. Mais nous devons agir tant que nous le pouvons encore. Êtes-vous prêt à apprendre le pouvoir des lettres et des nombres ?

— Je vous écoute, dit David.

— Bien, fit Cardoza. Reprenons l'alphabet hébraïque : vingt-deux lettres, dont cinq changent de graphie quand elles sont finales.

David hocha la tête.

— Jusque-là, ça va. J'ai gardé quelques souvenirs du Talmud Torah.

— Par ailleurs, continua le rabbin, chaque lettre hébraïque possède un pouvoir mystique, une vibration ou une énergie qui lui est propre. Chaque lettre a également une valeur numérique.

Il tendit à David un tableau de l'alphabet et traça les

premières lettres sur une feuille blanche tout en les prononçant : *aleph, beth, guimel, dalet, hé.*

— La méthode de numérologie hébraïque s'appelle guématria ou gématrie. Les dix premières lettres sont associées aux chiffres de 1 à 10. *Aleph* égale 1, *beth* égale 2, et ainsi de suite.

— Et après 10 ? questionna David en observant le tableau.

— Les lettres correspondent à des dizaines, puis à des centaines, lui répondit Yaël. Jules César avait recours à une technique voisine pour rédiger des messages codés.

— J'espère que vous ne me ferez pas passer un test, grommela David.

— Non, assura Cardoza. Nous n'avons le temps que de vous initier à quelques rudiments.

David examina son alphabet attentivement.

— La lettre *lamed* équivaut au nombre trente, calcula-t-il, et la lettre *vav* au six. Donc *lamed vav* égale trente-six. Les trente-six Justes. C'est pour ça qu'on les appelle les Lamed Vav.

— Bien vu, approuva Yaël en venant se pencher par-dessus son épaule. C'est précisément de cette manière que les mystiques appliquent la guématria. Les exégètes de la Bible cherchent des analogies entre les mots de la Torah qui possèdent la même valeur numérique.

— Il n'y a pas que les juifs qui emploient la guématria, intervint Yossef. Les musulmans s'en servent aussi, notamment les soufis, pour enrichir leurs interprétations du Coran.

— On dit aussi que les pères fondateurs des États-Unis ont tenu compte de la guématria pour choisir la devise nationale, *e pluribus unum*, littéralement « de plusieurs, un », ajouta Cardoza. *Echad*, le mot hébreu signifiant « un », a pour valeur numérique 13. Les États-Unis : *un* pays fédérant les *treize* colonies initiales.

— Surprenant, lâcha David. Mon père était sénateur. Il aurait adoré se plonger là-dedans.

Des coups discrètement frappés contre la porte interrompirent la conversation.

— Entre, Rafi, lança Cardoza au jeune homme élancé qui piétinait sur le seuil de la salle de travail.

— Nous venons de recevoir un mail d'Avi Raz. Le seul Percy Gaspard que nous ayons identifié est mort dans un incendie il y a environ six mois.

David et Yaël échangèrent un regard. Un Lamed Vav de moins. Rabbi Cardoza se racla la gorge.

— Merci, Rafi. Venons-en aux codes de la Torah. Les théories selon lesquelles des messages seraient dissimulés dans la Torah ne datent pas d'aujourd'hui. Dès 1291, rabbi Bahya ibn Paquda s'y rapporte dans son commentaire sur la Genèse. Et au XVIe siècle, rabbi Moïse Cordovero a soutenu que chaque lettre de la Torah est chargée de sens divin.

— Même Isaac Newton a versé dans cette discipline de la Kabbale, précisa Yaël. Mais aussi brillant qu'il fût, il n'a jamais réussi à prouver que la Bible était truffée de messages cachés.

— Il a vécu trop tôt, répliqua Yossef. Il n'avait pas d'ordinateur.

Cardoza dévissa le bouchon d'une bouteille d'eau minérale et but à grands traits.

— C'est vrai, acquiesça-t-il. Certains de ces codes sont

trop complexes pour être déchiffrés manuellement. C'est pourquoi il aura fallu attendre le XXe siècle pour en trouver la clé.

— Grâce aux ELS, compléta Yossef.

— Qu'est-ce que c'est ? interrogea David.

— Des suites de lettres équidistantes, *Equidistant Letter Sequences* ou *Skips,* comme disent les scientifiques, répondit Cardoza. Il s'agit d'un procédé par lequel l'ordinateur détecte les mots et les phrases encodés dans la Torah, ou dans d'autres textes, en tenant compte des intervalles réguliers entre les lettres.

David fronça les sourcils.

— Et en clair, ça signifie quoi ?

— À partir d'un point de départ, d'une lettre située n'importe où dans la Torah, expliqua patiemment Cardoza, on programme l'ordinateur pour qu'il saute un nombre x de lettres, dix par exemple. Le logiciel sélectionne la dixième lettre à partir du point de départ, la vingtième, la trentième, etc., et produit ainsi une séquence.

À son grand soulagement, David commençait à saisir.

— Séquence dans laquelle vous recherchez les mots ou les groupes de mots qui font sens, c'est ça ?

— Exactement, opina Yossef. Grâce à l'ordinateur, on peut lancer des ELS dans n'importe quelle direction : en avant, en arrière, en diagonale, à l'horizontale, à la verticale. Et on peut modifier l'étendue et la direction de la recherche à partir de n'importe quel point. Vous imaginez bien qu'avec un crayon et un papier, même en y passant des années, il serait impossible de conduire de telles recherches.

— Alors que l'ordinateur fait ça en un clin d'œil, acquiesça David. Quelle séquence définissez-vous pour retrouver les noms des Lamed Vav dans les fragments du *Livre des noms* d'Adam ?

Une lueur s'alluma dans les yeux de rabbi Cardoza. Yossef esquissa un petit sourire.

— Trente-six, répondit Yaël. C'est une séquence de trente-six lettres qui nous dévoile les noms des Lamed Vav.

Pendant un instant, David fut incapable de prononcer la moindre parole. Soudain, il se sentait tout petit face au mystère divin. Adam avait nommé toutes les créatures de l'univers, les avait recensées dans un livre, et Dieu avait caché un message dans son texte : les noms de toutes les âmes méritantes. Vertigineux...

— L'Éternel sait tout, déclara Cardoza. Dès la Création, il connaissait l'identité des Lamed Vav qui surgiraient dans toutes les générations.

David se leva de sa chaise et se mit à arpenter la pièce. Les autres le regardèrent sans rien dire.

— Nous disposons cependant du libre arbitre, reprit Cardoza. Comme Adam. Le Tout-Puissant n'a pas guidé cette main humaine qui a écrit. Pourtant, tout est dans le *Livre des noms*.

Debout devant la porte vitrée, tournant le dos à ses interlocuteurs, David observait les hommes qui étaient à pied d'œuvre dans la bibliothèque.

— Mais si Dieu connaissait les noms de tous les Lamed Vav, dit-il en se retournant, Il devait aussi connaître les noms de ses ennemis...

— Amalek, répondit Yaël. À chaque génération, ils se soulèvent contre le peuple d'Israël et contre Dieu.

— Amalek ? répéta David.

— « Souviens-toi de ce que t'a fait Amalek, sur le chemin, à votre sortie d'Egypte. Il te rencontra en chemin, démembra tous les gens affaiblis sur tes arrières ; toi, tu étais las et épuisé, et lui ne craignait pas Dieu », déclama le rabbin. Il s'agit d'une peuplade qui suivit les enfants d'Israël dans le désert après leur sortie d'Égypte. Les Amalécites ont attaqué par-derrière les Hébreux tout juste affranchis de l'esclavage, faisant des milliers de morts. La bataille est rapportée dans l'Exode. D'après le texte, lorsque Moïse levait les mains vers Dieu, les enfants d'Israël avaient le dessus, mais, lorsque l'épuisement lui faisait baisser les bras, Amalek se rebiffait. Aaron et Hur vinrent à l'aide de Moïse, chacun lui soutenant un bras, et les Hébreux eurent raison d'Amalek.

— Bien qu'Israël soit parvenu à décimer Amalek, enchaîna Yossef avec un soupir las, les sages nous enjoignent de ne jamais oublier que nous avons des ennemis. Vous voyez, David, à chaque génération, Amalek revient et cherche à anéantir le peuple juif. Il a eu plusieurs visages dans l'histoire : Aman, le vice-roi des Perses que la reine Esther a mis en échec, mais aussi Hérode ou Hitler, et aujourd'hui...

— Quelle est la guématria d'Amalek ? demanda David.

— 240, répondit Cardoza. Pourquoi ?

David ouvrit la porte et balaya la bibliothèque du regard.

— Où est Binyamin ? Il me faut mon cahier.

Cardoza partit à la recherche du jeune homme. Yaël se tourna vers David.

— À quoi pensez-vous ?

— Avez-vous recherché le nom du Gnoseos dans le *Livre* d'Adam ? Avec une séquence de deux cent quarante lettres ?

— Pas que je sache... Mais ce n'est pas idiot. Ça vaut le coup d'essayer.

Lorsque Cardoza revint avec Binyamin et son journal, David exposa son hypothèse.

— Je crois que nous devrions lancer une recherche dans les parchemins et dans mon journal avec une séquence de 240. Peut-être découvrirons-nous ainsi les identités des membres du Gnoseos. Et nous pourrons alors les attaquer « par-derrière » avant qu'ils mettent leur plan à exécution.

Une étincelle d'espoir illumina le regard de Cardoza.

— Binyamin, ordonna-t-il, mobilise toute l'équipe : recherche ELS de 240 dans tous les fragments de manuscrits et dans le journal de David.

Puis il se laissa tomber sur sa chaise et se frotta les yeux.

— En attendant, ajouta-t-il, dites-moi tout ce que vous avez appris de rabbi ben Moshé, que la mémoire de ce sage soit bénie.

David sortit le cartable en cuir du fond de son sac de voyage.

— Je crains que mon journal ne constitue qu'une partie du mystère, rabbi, dit-il en posant la lame de la Maison Dieu devant Cardoza. Avec Yaël, nous avons mené une petite enquête pour tenter de savoir pourquoi rabbi ben Moshé était en possession de cette carte de tarot divinatoire. Nous avons appris qu'un imprimeur juif de Cracovie avait été assassiné à cause de cette carte.

Il plongea de nouveau la main dans son sac.

— Nous avons aussi trouvé celle-ci sur un Ange Noir qui a essayé de nous tuer, à New York. Elle est identique à celle de rabbi ben Moshé. Seul le numéro imprimé au dos est différent.

Il étala le contenu du cartable sur la table.

Chapitre 30

Southampton, Angleterre

Geoffrey Bales et les deux Anges Noirs qui l'accompagnaient n'avaient eu aucun mal à obtenir une autorisation spéciale : lord Hallister s'était porté garant de leurs personnes et leur avait procuré les documents nécessaires. Pourquoi aurait-il refusé de leur rendre ce petit service ? Aider un Ange Noir à éliminer l'un des derniers Justes ne lui rapporterait que des honneurs lorsque le Gnoseos remonterait de l'Arche. *Il sera considéré comme un héros, lui aussi, au même titre que nous*, songea Bales en enfilant l'uniforme de portier vert foncé. Le pantalon était un peu long, mais il ferait l'affaire. De toute façon, il était trop tard pour coudre un ourlet. Ce soir, Lionel cacherait les dernières armes dans le mur des toilettes du débarcadère. Personne ne soupçonnerait qu'un arsenal puisse être caché derrière le gros distributeur de serviettes en papier. Personne ne soupçonnerait que trois des porteurs en service sur le *Queen Mary II* se disputeraient le privilège d'escorter un passager de marque à sa descente du bateau.

Bales se campa devant le miroir sur lequel il avait scotché la photo de Cherle, et prit le temps de mémoriser les traits de cet homme souriant.

Cette dernière mission s'annonçait facile. Une balle à loger dans le thorax de Cherle avant même qu'il ait retrouvé son équilibre sur le plancher des vaches.

L'Arche

Assis devant le lit de camp sur lequel Stacy s'agitait, Chris huma l'air en faisant la grimace. La petite cellule souterraine empestait le moisi mêlé à une vague odeur de médicaments qui lui rappelait ses années dans les ténèbres. La satisfaction chassa vite son malaise. Juste retour des choses : la gamine à laquelle Shepherd tenait tant avait à peu près le même âge que cette Abby, à l'époque. Même fraîcheur des fillettes sur le point de se muer en femmes. Même bouche innocente gorgée de promesses.

Non, se ressaisit-t-il. Stacy était l'une des Justes. Elle devait mourir, afin que le Gnoseos puisse naître et s'élever vers la Source.

Des cris et des gémissements résonnaient à travers les murs. Les femmes. Si elles s'imaginaient que quelqu'un se souciait de leurs jérémiades...

Les 36 Justes

Stacy grimaça en ouvrant les yeux Elle avait l'impression de recevoir des décharges électriques dans le crâne. Elle cligna des paupières et se concentra sur le plafond rocailleux.

Un rire. Elle entendait un rire. Le même que dans son rêve. Péniblement, elle tourna la tête. Tout tanguait autour d'elle. L'homme à côté d'elle lui rappelait un lion, avec sa chevelure blonde en bataille qui lui tombait sur les yeux et le rictus carnassier qui lui déformait ses lèvres.

— Alors, ma belle, qu'est-ce que tu as de si exceptionnel ? Il paraît que ton âme n'a pas d'écorce, que rien ne la sépare du divin.

— De... de quoi parlez-vous ? bredouilla Stacy en se recroquevillant contre le mur.

— C'est bien vrai que tu n'es pas au courant. Aucun des Justes ne sait qui il est. Au fait, Stacy, ton beau-père ne devrait plus tarder à arriver. Bonne nouvelle, hein ? Enfin, pour moi, car il mourra dès qu'il m'aura rendu ce qu'il m'a volé.

Chapitre 31

Pourquoi Chris n'avait-il pas rappelé ?

Cette attente mettait David au supplice. Il allait devenir fou. Cardoza et les autres avaient beau croire dur comme fer que son subconscient détenait des noms supplémentaires, il était persuadé du contraire. La source était tarie. Il était lessivé, d'ailleurs il s'était assoupi une bonne heure. Les informaticiens kabbalistes avaient passé la nuit à tenter de décrypter son journal. La peste soit de leurs logiciels, de leurs méditations et de leurs prières.

Les Iraniens avaient finalement fait machine arrière. L'alerte de sécurité avait été levée et l'aéroport avait rouvert aux alentours de 4 heures du matin. Son vol partait à 14 heures.

En étirant ses muscles ankylosés, il se dirigea vers la porte et observa le groupe qui travaillait dans la pièce mitoyenne. Yaël était penchée au-dessus de l'épaule de son père, les cheveux rassemblés par une pince. Elle avait les traits tirés, mais la fatigue n'altérait en rien son charme.

Elle leva la tête et lui adressa un pâle sourire.

– Allez prendre l'air, ça vous fera du bien, lui dit-elle.

– Emmène-le voir le soleil se lever sur Safed, suggéra Yossef. Le spectacle est splendide, David, et c'est peut-être la dernière aube du monde.

En silence, David suivit Yaël dans l'escalier jusqu'au réfectoire, où un petit buffet avait été dressé. Tandis qu'il versait du café dans des gobelets en carton, Yaël prit une orange et un couteau.

– Ça ne vous ennuie pas de le boire en marchant ? lui dit-elle.

– Allons-y, répondit David.

Ils sortirent dans la venelle pavée tandis que les premières lueurs d'un jour nouveau se frayaient un chemin entre les pierres blanches et les feuilles des figuiers. L'écho des sinistres paroles de Yossef résonnait encore aux oreilles de David.

– Qui sait combien de temps il nous reste ? murmura Yaël. Quelques jours, quelques heures...

– Mais nous ne pouvons pas abandonner, n'est-ce pas ?

– Non, personnellement, en tout cas, je ne peux pas baisser les bras, répondit-elle en lui tendant un quartier d'orange. Vous savez, mon mari avait fait un rêve juste avant d'être envoyé au Liban. Un rêve de paix. D'une paix qui ne viendrait que bien longtemps après sa mort.

Elle s'arrêta devant l'entrée du minuscule cimetière militaire, face à la colline de Méron.

– Yoni est enterré ici. Il n'avait que vingt-huit ans.

Yaël avait les yeux brillants de larmes.

— Je suis désolé, murmura David.

Elle glissa le couteau dans la poche de son treillis et se baissa pour ramasser des cailloux.

Sans réfléchir, David lui prit la main.

— Je suis désolé pour votre mari... et de m'être emporté, hier. Vous ne méritiez pas ça.

— *Al lo davar*, ce n'était rien. Je suis une Sabra, n'oubliez pas.

Devant le regard interrogateur de David, elle précisa :

— Les natifs d'Israël sont comparés aux figues de Barbarie, *sabra* en hébreu : durs et couverts de piquants à l'extérieur, doux et tendres à l'intérieur. Mais c'est un secret.

— Doux et tendres, ah oui ? fit David en souriant.

Il lui lâcha la main et la suivit le long des étroites allées du cimetière, jusqu'à une stèle portant le nom de Yonathan Harpaz.

— Les kabbalistes estiment que l'âme possède plusieurs dimensions : tout d'abord le *nefesh* ou l'esprit qui gravite autour de la sépulture pour protéger les vivants. Si on s'adresse à un être cher disparu, son *nefesh* sollicitera le *roua'h* ou souffle, deuxième dimension de l'âme, et ce souffle s'envolera vers la *neshama* ou âme supérieure, qui demeure auprès de Dieu.

— C'est pour ça, alors, que nous sommes venus ici, pour demander à Yoni de nous servir d'intercesseur...

David contempla les fougères qui entouraient la tombe de Yoni. On lui avait toujours dit qu'il pouvait entrer directement en contact avec Dieu, qu'aucun intermédiaire n'était nécessaire. Que les juifs pouvaient aussi bien prier à la synagogue, en suivant selon les textes des livres de prières, que formuler, n'importe où, leurs propres suppliques, dictées par leur cœur. Toutes étaient recevables. Ainsi en était-il dans les courants traditionnels du judaïsme. Les croyances mystiques des kabbalistes lui étaient totalement étrangères et l'idée que Yaël puisse demander à l'âme de son défunt époux d'intercéder au royaume des cieux aurait dû lui paraître ridicule. Mais lui-même, au cours de son expérience aux frontières de la mort, avait bien été chargé par les esprits des Lamed Vav d'agir en leur nom dans l'univers terrestre...

Yaël déposa des cailloux sur la tombe de Yoni. Il connaissait la signification de ce geste, qu'il accomplissait lui-même lorsqu'il se recueillait sur la tombe de ses parents. Yaël laissait derrière elle un signe tangible de sa visite.

Il lui toucha l'épaule puis s'éloigna, conscient qu'elle désirait sûrement rester seule un moment.

Ses pas le conduisirent jusqu'à un escalier fort escarpé, qui menait à un cimetière, plus ancien, moins bien entretenu, mais tout aussi paisible. Quelques personnes se regroupaient sur des tombes peintes en bleu ciel.

Il déambula au hasard en déchiffrant les noms gravés sur les stèles. Une conscience aiguë de l'Histoire l'enveloppa quand il réalisa que des grands kabbalistes des siècles passés étaient inhumés là.

Lentement, en admirant la lumière du matin qui baignait peu à peu la ville aux pierres d'un blanc aux reflets or et rose, il remonta vers le haut de la colline en gravissant une multitude de marches, puis il suivit un panneau bleu et blanc indiquant la synagogue Abouhav.

Il traversa la petite cour dallée et poussa la porte.

Personne à l'intérieur. Le soleil se déversait à flots sur le sol orné de mosaïques, à travers un dôme percé de petites fenêtres carrées. Ébloui, il plissa les yeux, saisi par un début de migraine.

Il embrassa du regard les murs d'un bleu céruléen, les chandeliers, les arcades élégantes peintes de fougères entrelacées et les fresques habillant le dôme.

— Splendide, hein ?

La voix de Yaël ne le fit même pas sursauter.

— Magnifique. Et impressionnant, répondit-il sans se retourner.

— Cette synagogue est unique en son genre, déclara-t-elle en se postant à côté de lui. Tout y est chargé de symbolisme. Le dôme, par exemple, n'est pas seulement remarquable par son architecture ; il évoque la croyance des juifs en un Dieu unique. Et ces quatre piliers, poursuivit-elle en pivotant sur elle-même et en les désignant d'un geste du bras, ces quatre piliers représentent les quatre éléments : l'air, l'eau, le feu et la terre, ainsi que les quatre mondes de la Kabbale – le monde de l'action, le monde de l'émotion, le monde de l'intellect et le monde spirituel.

David s'approcha de l'une des quatre colonnes et la toucha, puis il continua à faire le tour de la synagogue et effleura la balustrade bleue qui entourait la *bimah*, l'estrade.

— Vous avez vu que six marches mènent à la *bimah* ? lui demanda Yaël. Elles symbolisent les six jours de la

Création. La *bimah* elle-même, surélevée, symbolise le septième jour, le Shabbat.

David avait de plus en plus mal à la tête. En silence, il se dirigea vers une peinture représentant le Mur occidental de Jérusalem. Avec étonnement, il remarqua que n'importe où, la rue au bas de la scène semblait toujours s'ouvrir vers lui.

— Ces trois arches saintes sont en elles-mêmes une curiosité, lui indiqua Yaël en montrant tour à tour les trois grandes armoires de bois contenant les rouleaux de la Torah. En règle générale, il n'y en a qu'une par synagogue. Ici, elles sont au nombre de trois en souvenir des patriarches Abraham, Isaac et Jacob. Et ces neuf alcôves, ajouta-t-elle en levant le bras, évoquent les neuf mois de la grossesse.

Les explications de Yaël soulignaient d'une manière aiguë l'ignorance abyssale de David ; après tout, il avait eu un aïeul qui avait baigné dans le mysticisme et ce patrimoine culturel aurait dû être le sien, au même titre que la géopolitique, le fonctionnement des institutions, les relations internationales, la littérature ou la philosophie. À en croire les événements de ces derniers jours, il tenait peut-être davantage de son arrière-grand-père qu'il ne l'aurait cru. La migraine lui vrillait les tempes. Il ferma les yeux.

Parmi les milliers de noms qu'il avait notés dans son journal, les kabbalistes du centre Gabrieli en avaient trouvé trente-quatre appartenant à la génération actuelle. Il en manquait deux. Figuraient-ils dans son cahier ? Ou étaient-ils toujours enfouis en lui ?

Une douleur fulgurante l'étourdit. Il s'agenouilla à même le sol et pressa ses paumes contre ses yeux.

— David ! Ça va ?

La voix de Yaël lui semblait lointaine. Il était seul sous le dôme, seul au milieu des harpes, des palmiers et des scènes bibliques dépeintes par les fresques, seul dans ce lieu saint, le crâne transpercé par une douleur atroce. Il essaya de se relever. Il fallait qu'il retourne au centre, qu'il trouve des analgésiques. Il avait un avion à prendre.

Tordu de douleur, il retomba sur les dalles de pierre.

Et les visages... Les voix... Elles étaient revenues. Elles criaient, elles l'imploraient, le suppliaient.

— David ! Vous m'entendez ?

Yaël était penchée au-dessus de lui mais, les yeux rivés sur le plafond, le visage déformé par un rictus, il ne la voyait pas. Ses tempes et son cou ruisselaient de sueur.

Effrayée, Yaël lui posa une main sur le front. Tout à coup, avant qu'elle ait tranché, quelque chose se produisit dans le regard fixe de David et son visage se décrispa. Elle déboutonna le col de sa chemise. Il ferma les yeux.

— Jack Cherle, articula-t-il d'une voix pâteuse. Guillermo Torres.

Elle retint sa respiration.

— Stacy Lachman... bredouilla-t-il encore.

Puis il se redressa. Il n'avait plus mal à la tête. Il avait soudain l'esprit clair. Il n'avait plus de noms dans la tête.

Les 36 Justes

— Retournons au centre, dit-il. Il faut que je leur donne les noms.

Yaël l'aida à se relever. Encore chancelant, il s'appuya contre elle. Elle lui passa un bras autour de la taille.

— Vous êtes sûr que vous ne voulez pas attendre un moment ? Vous êtes blanc comme un linge...

— Non, non, dépêchons-nous.

Il avait les noms. Les derniers noms. Mais aussi le sentiment qu'il lui manquait encore quelque chose. Quoi ? se demanda-t-il en mettant péniblement un pied devant l'autre.

Yaël le soutenait. Sur le seuil de la synagogue, David trébucha et perdit l'équilibre. Elle parvint à le retenir et le traîna en direction d'un banc dans la cour ombragée.

— Nous avons besoin d'aide ! cria-t-elle.

Un couple entra dans la cour.

— S'il vous plaît ! lança-t-elle. Vous pouvez m'aider à le porter jusqu'au banc ?

Ils se précipitèrent vers elle, et le soulagement de Yaël fit aussitôt place à la terreur. Leur accoutrement de touristes n'était qu'un leurre. L'homme au visage en lame de couteau avait un tuyau à la main. Bâtie comme une lanceuse de disque, la femme serrait un rouleau de corde entre des poings imposants.

— David, ils nous ont retrouvés ! hurla Yaël.

Elle le lâcha pour faire face aux Anges Noirs. Il vacilla sur ses jambes et s'appuya contre un mur. Puis, rassemblant ses forces et ses esprits, il s'exhorta à se redresser. Tous ses muscles étaient flasques.

Yaël se jeta sur la femme, qui devait peser au moins

vingt kilos de plus qu'elle. Avant que David n'ait pu bouger, l'homme lui frappa les genoux de son tuyau.

Avec un râle de douleur, il s'écroula au sol. À travers un brouillard, il vit Yaël déstabiliser son adversaire d'un coup de pied dans le ventre.

L'Ange Noir lui décocha un autre coup de tuyau dans les côtes. David roula sur le côté. Il entendit Yaël crier. Au même instant, l'Ange Noir l'attrapa par le col pour le relever. Mû par la panique, il lui décocha un coup de poing dans le sternum. Son assaillant exhala une bouffée d'haleine fétide. David le frappa de nouveau, de toutes ses forces, à la cage thoracique.

Yaël était étendue par terre, un bras replié sous elle. À cheval sur ses hanches, l'inconnue pressait une corde tendue contre son cou. David bondit vers elles.

Un poids s'abattit sur son dos et il s'affaissa comme un sac de sable. L'Ange Noir s'élança vers lui. Il se retourna vivement et l'empoigna à bras-le-corps. Des poings craquèrent contre des os, du sang gicla sur les dalles de la cour.

Ni l'un ni l'autre n'ont encore sorti d'arme à feu, songea David. *Et cette brute ne me touche ni le visage ni la tête.*

Ils me veulent vivant. Ils veulent les noms.

Il ne vit pas le poing qui percuta son estomac. Avant qu'il puisse reprendre sa respiration, le tuyau cingla contre son coude. Des étoiles se mirent à danser devant ses yeux. Serrant les dents, il s'emplit les poumons d'air, tétanisé par la douleur. Son ennemi se remit sur pied et brandit le tuyau.

Dans un sursaut désespéré, David parvint à ramener

ses genoux sur sa poitrine et projeta ses jambes vers l'Ange Noir. Il l'atteignit au plexus solaire. L'homme se plia en deux, porta instinctivement les mains à ses côtes et lâcha le tuyau.

David s'en saisit aussitôt et se tourna vers Yaël. Les yeux exorbités, le visage empourpré, elle luttait frénétiquement contre la femme herculéenne qui l'étranglait.

Elle réussit à dégager son bras. David crut voir son bracelet d'argent scintiller. Non, c'était le couteau qu'elle avait emporté. Pétrifié, il la regarda l'enfoncer dans le cou de son assaillante.

Un jet de sang jaillit de la blessure. La femme poussa un cri qui se transforma en râle. Yaël plongea de nouveau la lame dans sa gorge.

Ignorant son corps perclus de douleur, David sauta sur ses pieds et se retourna vers l'Ange Noir, qui tentait de se redresser en haletant.

– Courez, Yaël ! Allez-vous-en ! hurla-t-il.

Le visage et ses vêtements maculés de sang, le couteau à la main, elle se releva comme une furie.

Le regard de l'Ange Noir allait de Yaël à David. En poussant un grognement, il se catapulta sur Yaël. David plongea sur lui.

Au dernier instant, Yaël s'accroupit et planta son couteau dans l'entrejambe de l'Ange Noir. David mit fin à ses gémissements en lui assenant un coup de tuyau sur le crâne.

Chapitre 32

Le centre Gabrieli était en pleine effervescence. Concentrés sur leurs écrans d'ordinateur, rabbi Cardoza et ses collègues parcouraient virtuellement le monde à la recherche de Jack Cherle et Guillermo Torres. Personne n'avait encore réussi à localiser Stacy, mais David ne désespérait pas. Grâce à un coup de fil d'Avi Raz, le Mossad s'était également mobilisé pour retrouver les trois derniers Lamed Vav.

Appliquée aux noms contenus dans son journal, la séquence de 240 n'avait rien donné : la suite de lettres obtenue ne faisait aucun sens. Jusqu'à présent, nul indice en lien avec le Gnoseos n'avait surgi des pages qu'il avait épluchées. Penché au-dessus d'un tirage informatique, David poussa un soupir de désespoir en réprimant une grimace de douleur. Sa cage thoracique était meurtrie. En face de lui, Yaël scrutait un moniteur, le cou barré d'une vilaine marque violette. Ils avaient frôlé la mort. Et Jack Cherle, Guillermo Torres et Stacy allaient mourir si le Mossad, Interpol ou la CIA ne les retrouvaient pas.

Ces conneries d'ELS ne mènent à rien, songea David en jetant un coup d'œil à sa montre. La détresse lui étreignait la poitrine. Dans moins d'une heure, une voiture viendrait le chercher pour le conduire à l'aéroport de Tel-Aviv.

Yaël et Yossef avaient raison : l'air de Safed avait libéré les derniers noms enfouis dans son subconscient. S'étant acquitté de son devoir, il pouvait maintenant quitter la ville sainte.

Quelque chose le tracassait, cependant. Il avait le sentiment d'être passé à côté de quelque chose, d'avoir négligé un détail peut-être crucial. Mais quoi ? L'ordre dans lequel les noms lui avaient été révélés ? Rabbi Cardoza n'avait-il pas mis le doigt sur un point important ?

Les recherches avec la guématria du mot Amalek s'étaient avérées infructueuses. Fallait-il essayer avec une autre séquence, la valeur numérique d'un autre mot ? Mais quel mot ? *Gnoseos* ?

David se leva et s'approcha de Binyamin.

– Pourrait-on lancer un ELS dans mon journal avec la guématria de *Gnoseos* ? lui demanda-t-il.

Quelques minutes plus tard, l'imprimante se remit à bourdonner. Les résultats, aussi incohérents que les premiers, l'abattirent davantage.

David alla chercher son sac de voyage, plus léger à présent qu'il s'était délesté du cartable du rabbin. Il songea à l'agate. Les paroles de Chris lui revinrent à l'esprit.

Tu as quelque chose qui m'appartient. Et j'ai quelque chose qui t'appartient.

Chris voulait lui faire croire qu'il était prêt à échanger Stacy contre la pierre. Ce n'était qu'une ruse, David le savait, mais sans l'agate, il n'aurait aucune chance contre Chris.

Yaël repoussa sa chaise et s'approcha de lui.

— Vous partez ? dit-elle d'une voix plus rauque qu'à l'accoutumée.

— La voiture ne devrait plus tarder. Je ne vous suis plus d'aucune utilité, ici.

— Je n'en suis pas aussi certaine, rétorqua-t-elle. J'ai pensé à quelque chose dont il faut que je vous parle. Vous vous souvenez du classeur que rabbi ben Moshé nous a confié ?

Elle porta une main à sa gorge. La tentative d'étranglement avait altéré son larynx.

— Dans ses notes, il s'interrogeait sur le rôle des mots de passe et des talismans du Gnoseos. Si l'imprimeur polonais a été assassiné, c'est que les cartes qu'on lui a commandées doivent demeurer ultrasecrètes.

David posa son sac sur une chaise.

— Tous les membres du Gnoseos à qui nous avons eu affaire en portaient une sur eux, acquiesça-t-il. Attendez... Peut-être s'agit-il d'une sorte de carte d'identité.

— De passeport.

— De passeport pour où ? Pour quoi ? Ils veulent détruire le monde.

— Certes, mais s'ils devaient tous se rassembler quelque part pour célébrer la fin du monde...

Le pouls de David s'accéléra.

— Ces lames de tarot feraient office de cartons d'invitation, de passes à présenter pour être admis à la réunion ? avança-t-il.

— Je crois que vous y êtes, s'exclama Yaël, le visage éclairé. Ces cartes doivent être le document à fournir pour attester de son appartenance au Gnoseos.

— J'ai celle de Gillis ! s'écria David. Parfait.

— Il m'en faut une, déclara Yaël. Je vous accompagne.

— Non, Yaël...

— Vous pensiez que j'allais vous laisser partir seul ? J'ai aussi réservé un billet d'avion. Attendez-moi ici, souffla-t-elle à voix basse. Je vais chercher la carte de rabbi ben Moshé. Je sais où Cardoza l'a rangée.

David lui posa une main sur le bras.

— Il me faut la pierre, aussi, Yaël. L'agate.

Il lut sur son visage l'ombre d'une hésitation, mais, sans un mot, elle se dirigea vers la bibliothèque.

Elle m'accompagne à Londres. Cette nouvelle insufflait à David un regain de courage. De surcroît, s'ils avaient vu juste quant à l'utilité des lames de tarot, ils étaient en possession de deux passeports pour le Gnoseos. Avec un peu de chance, ces cartes les mèneraient à Stacy. Ou tout au moins à quelqu'un qui savait où Chris la séquestrait.

Il sortit la mystérieuse carte de son portefeuille et tenta une nouvelle fois d'en déchiffrer les symboles. Des gens sautant du haut d'une tour. Suicide ? Non. Destruction, mort, chaos, avait dit la cartomancienne. Et renaissance.

Il observa l'éclair déchirant le ciel, les éléments

déchaînés, la nature en colère... Et ce pont... Ce pont qui ressemblait étrangement au pont de la Tour de Londres. Londres. Chris était à Londres, tout récemment...

Yaël revint avec sa serviette de cuir.

— J'ai la carte et la pierre, chuchota-t-elle. Elles étaient bien là où je pensais.

— *Za'hor* ! Souviens-toi ! s'exclama David en lui saisissant le poignet.

— Pardon ? fit-elle avec un regard interrogateur.

— Ils m'ont demandé de me souvenir. Ils me criaient de me souvenir. *Za'hor*... C'est peut-être ça que je dois me rappeler maintenant. Le mot *Za'hor*.

Les yeux de Yaël s'élargirent. Elle se précipita vers la table la plus proche et griffonna des chiffres sur un bout de papier.

— 233, la guématria de *Za'hor*.

David sortit son journal de son sac et l'ouvrit à la première page.

— D, dit-il en posant l'index sur le premier nom.

Puis il compta les lettres jusqu'à la deux cent trente-troisième.

— I.

Yaël notait les lettres qu'il lui dictait : S,T,E,F,A,N, O,E,D,U,A,R,D,O...

— Oh, mon Dieu, David... Di Stefano Eduardo. Le Premier ministre italien.

— Rabbi Cardoza ! lança David à travers la bibliothèque.

Le kabbaliste les rejoignit aussitôt avec une expression alarmée.

— Lancez un ELS de 233 dans mon journal, rabbi. Je

crois que nous allons trouver les noms des membres du Gnoseos. Nous venons de découvrir le premier : Eduardo Di Stefano.

Cardoza demeura bouche bée. Puis il reprit rapidement ses esprits.

— Binyamin ! appela-t-il.

Deux heures plus tard, dans la voiture qui les conduisait à l'aéroport, son téléphone portable collé à l'oreille, David écoutait Cardoza lui lire la liste que l'ordinateur était en train de produire. Quand le rabbin prononça le nom de Chris Mueller, il ressentit un électrochoc. C'était bien ça. Les noms des membres du Gnoseos, encodés dans son journal.

Cardoza continuait à énumérer :

— ... Wanamaker...

Judd ? Voilà comment les Anges Noirs les avaient retrouvés chez la cartomancienne. Judd les avait prévenus quand ils étaient sortis du restaurant.

— David, vous m'entendez ? Je viens d'appeler Avi Raz. Selon Interpol, Di Stefano serait arrivé hier à Londres.

— Prévenez le MI 6. Le Gnoseos est en train de se rassembler à Londres.

Chapitre 33

Tandis que David et Yaël attendaient la navette qui devait les mener à l'avion, à l'aéroport Ben Gourion, le téléphone de David sonna de nouveau.

— Cette petite a le sommeil agité. Elle n'arrête pas de te réclamer.

— Salaud ! rugit David sans se soucier des têtes qui se tournaient vers lui. Où est-elle ?

— Avec moi. Non loin de là où nous nous sommes aperçus.

— À Londres.

David croisa le regard de Yaël.

— Bravo, professeur, railla Chris.

— Tes Anges Noirs sont à la morgue de Safed.

— Tu me flattes, mon cher, rigola Chris. Tu crois que c'est moi qui te les ai envoyés ? Non, ce n'est pas moi qui donne des ordres aux Anges Noirs. Moi, je n'ai qu'un vieux compte à régler avec toi.

— Laisse-moi lui parler, Mueller. Prouve-moi qu'elle est vivante.

— Tu ne me fais pas confiance ?

— Je veux entendre sa voix.

— Bientôt. À condition que tu suives mes instructions. Et si tu me rapportes ce qui m'appartient, il se peut même que je lui laisse la vie sauve.

— Où es-tu ?

— Doucement, doucement... Ne t'emballe pas. Il paraît que tu as écrit un livre...

— Plusieurs.

— Tu sais très bien de quoi je parle. Et j'espère pour ta petite fille chérie que tu l'as avec toi. J'ai hâte de le lire.

— Où es-tu ? répéta David froidement.

— Rends-toi à Trinity Square et, de là, passe un coup de fil à ta môme.

Clic.

David avait du mal à respirer. Tout en embarquant à bord de l'avion, il rapporta à Yaël les propos de Chris.

— Je dois l'appeler de Trinity Square. Vous connaissez cet endroit ?

— Oui. C'est à côté de la Tour de Londres.

Yaël s'interrompit le temps qu'une hôtesse de l'air installe une dame âgée à ses côtés, puis elle reprit à voix basse :

— J'y suis allée la première fois que j'ai visité Londres. Il s'agit d'un jardin avec...

— Avec quoi ?

— Chris Mueller ne manque pas de culot. Il y a un mémorial en hommage aux membres de la marine marchande disparus en mer. Un mur couvert de noms...

Submergé de rage, Chris serrait les dents. Depuis le seuil de la porte, son père n'esquissait pas le moindre geste pour sa défense.

— Ton rôle est de localiser le dernier des Justes, pas de perdre ton temps à tourner autour de cette gamine ! vociféra Di Stefano dans la petite salle où se trouvaient les ordinateurs. Nous sommes si près du but, et toi, tu traînes...

Chris ouvrit la bouche pour protester. Di Stefano ne lui en laissa pas le loisir.

— Tant que tu n'auras pas trouvé le dernier nom, tu ne bougeras pas de cet ordinateur.

Le visage de Chris s'empourpra. Sa main se crispa sur le pommeau de sa canne.

— Tu as entendu ? insista son père sèchement.

Et il quitta la pièce en claquant la porte derrière lui. Chris frappa le sol de sa canne.

— Allez-vous-en, murmura-t-il. Laissez-moi travailler.

Di Stefano soutint son regard.

— Ne t'avise pas de sortir de cette pièce sans le dernier nom, menaça-t-il enfin avant de tourner les talons.

Chris, écumant de colère, lança son logiciel. Au fond, peu lui importait d'être privé de sortie, son plan était en place. Quand Shepherd téléphonerait à Stacy de Trinity Square, Raoul l'attendrait, avec Enrique, à quelques pas du mémorial.

Les deux Anges Noirs ignoraient que les ordres qu'ils avaient reçus émanaient de lui et non de Di Stefano. Quelques manipulations habiles avaient suffi à pirater le serveur sécurisé de Di Stefano et à y introduire des instructions à leur intention. D'ici peu, Raoul et Enrique ramèneraient Shepherd, son journal et la pierre.

Une fois que Shepherd sera là, il m'appartiendra, piégé par son désir de sauver la fille. Son désir de sauver le monde. De se sauver lui-même. Ensuite, je révélerai le dernier nom au Cercle, et l'on me portera aux nues.

Chris regarda son écran, où le dernier nom s'affichait en lettres. Si son père et Di Stefano l'avaient traité avec les égards qu'il méritait, il le leur aurait divulgué, ce nom. Tant pis pour eux. Qu'ils prennent leur mal en patience.

Il pressa quelques touches sur son clavier et s'immisça à nouveau dans le serveur de Di Stefano, où il tapa l'ordre officiel qui déclencherait le début de la fin. Le trente-sixième nom.

Guillermo Torres.

Chapitre 34

Aéroport d'Heathrow

Tout en se savonnant les mains, Dillon contemplait sa mine défaite dans le miroir des toilettes.

La bague lui serrait le doigt. Était-ce le produit de son imagination ? Quoi qu'il en soit, il la trouvait bien lourde. Il était trop tard désormais pour les regrets ou les remords, songea-t-il en consultant sa montre. Son vol décollait dans moins d'une heure.

Alors qu'il se dirigeait vers la sortie, il percuta un voyageur pressé qui se ruait vers les lavabos. Sous le choc, l'homme lâcha son parapluie, et son attaché-case vint heurter la hanche de Dillon.

Celui-ci ramassa obligeamment le parapluie du voyageur, qui s'était baissé pour rassembler le contenu de sa mallette éparpillé sur le carrelage. Dillon se figea en apercevant une lame de tarot au milieu du désordre.

— Tenez, dit-il en tendant le parapluie.

– Je vous remercie, monsieur, répondit le maladroit avec un fort accent germanique. Veuillez me pardonner, c'était ma faute.

Sur ce, il avança vers les urinoirs. Dillon sortit des toilettes et s'adossa contre un mur. Lorsque l'homme reparut, il lui emboîta le pas.

– Je crois que nous avons quelque chose en commun, lui dit-il en exhibant une carte de la Maison Dieu identique à celle que l'homme avait rangée dans son porte-documents.

Les yeux de son vis-à-vis s'illuminèrent.

– Quel grand jour, n'est-ce pas ! fit-il en souriant.

– C'est le moins qu'on puisse dire, acquiesça Dillon. Puisque nous nous rendons au même endroit, accepteriez-vous de partager un taxi ?

– J'allais vous le proposer.

Les deux hommes franchirent ensemble les portes de l'aéroport et se retrouvèrent enveloppés du sempiternel crachin londonien.

Dillon et son nouvel ami s'engouffrèrent dans une voiture.

– Tower Hill, s'il vous plaît, indiqua l'Allemand au chauffeur de taxi. Vous nous laisserez au monument.

L'Arche

Elizabeth. Impossible de la chasser de ses pensées.

Peut-être était-ce le froid humide qui le mettait mal à l'aise. Les relents de terre et de pierre. Les filets d'eau qui suintaient des parois rocheuses. Et les cris des femmes.

Il songea à Anne Boleyn, enfermée dans la Tour de Londres qui s'élevait au-dessus de l'arche. Elle aussi avait été prisonnière.

Arrivé en haut de l'escalier, il agrippa la rampe de métal et se pencha au-dessus du gouffre dont il ignorait la profondeur exacte. À vrai dire, il s'en moquait. Très bientôt, il s'élèverait vers un nouveau monde, où il serait enfin libéré de ses entraves, enfin uni à la Source. Il en rêvait depuis son plus jeune âge, à l'instar de ses ancêtres qui n'avaient pas eu la chance de connaître l'Ascension.

Il aurait dû se réjouir d'être de ceux qui s'apprêtaient à vivre cette expérience inouïe. Or il ne ressentait rien. Peut-être que si Elizabeth avait été à ses côtés... Cependant, maintenant qu'il était sur le point de quitter le monde matériel, il n'éprouvait guère d'enthousiasme à l'idée de tout laisser derrière lui. À l'idée, notamment, qu'il ne reverrait pas celle qu'il aimait.

Elizabeth était plus réelle que cette Arche souterraine, que toutes les intrigues et tous les meurtres qui avaient présidé à l'avènement de cette ère.

Le regard plongé dans les ténèbres de l'abîme, il revit la peine qui s'était peinte sur les traits d'Elizabeth lorsqu'il lui avait annoncé qu'il partait en voyage. Il enfonça la main dans sa poche et palpa la petite breloque d'argent qu'Elizabeth avait décrochée de son bracelet, un matin à l'aube. Il gardait cet objet dans sa poche en guise de porte-bonheur. Il n'en avait plus besoin. Il fourra sa main dans sa poche, s'empara de la breloque et la jeta dans le trou noir. Il ne l'entendit pas toucher le fond.

D'où venaient ces cris ?

Stacy colla son oreille successivement contre chacun des quatre murs. Les gémissements étaient faibles, indistincts, mais elle était certaine de ne pas rêver. C'étaient des cris de douleur, des appels à l'aide, des cris de peur...

Pour la centième fois, elle secoua la poignée de la porte, ce qui ne fit qu'accroître sa frustration. Elle ignorait combien de temps s'était écoulé depuis son arrivée dans cette prison et elle ignorait combien de temps on allait l'y garder. Seule certitude : le type à la crinière de lion voulait la tuer.

L'espoir qu'elle plaçait en David l'aidait à tenir bon, même si leurs chances étaient minces. Le lion ne plaisantait pas quand il disait qu'il allait les tuer, elle d'abord, David ensuite. Elle était aussi persuadée que l'homme qui l'avait enlevée avait tué Hutch.

Elle étouffa un sanglot en se balançant d'avant en arrière. Impossible d'effacer l'image de sa mère gisant dans une mare de sang.

— Où es-tu, maman ? murmura-t-elle.

Toujours devant cette supérette ? Est-ce que Len est au courant ? Est-ce que David est au courant ?

Elle essuya ses larmes et fit encore une fois le tour de sa cellule.

Il y a forcément quelque chose ici dont je pourrais me servir pour le faire trébucher, quand il reviendra. Si j'arrive à le faire tomber avant qu'il ne referme la porte, je pourrai m'enfuir. Je cours vite, j'ai de bons réflexes. Wilson me le dit sans arrêt, à l'entraînement. Si je le retarde, le lion ne pourra pas me rattraper, avec sa jambe handicapée.

Un cliquetis dans la serrure. Stacy se figea. Elle regarda désespérément autour d'elle. La porte s'ouvrit. Un courant d'air glacial s'engouffra dans la cellule. Stacy recula, la gorge nouée par la peur. Un inconnu s'avança vers elle.

לה

Chapitre 35

Mexico, Mexique

Guillermo Torres faisait les cent pas dans le couloir de la maternité, de plus en plus nerveux au fur et à mesure que les minutes s'écoulaient. Chaque jour depuis l'annonce de la grossesse, il priait pour que sa femme mette au monde un bébé en bonne santé. Rosa avait déjà fait deux fausses couches. Mais la Sainte Vierge, quotidiennement invoquée pendant neuf mois, veillait au grain, cette fois. Aujourd'hui, Guillermo tiendrait leur enfant dans ses bras.

Il cessa ses allées et venues, et implora le ciel d'assister les médecins qui œuvraient dans le bloc C, afin que son épouse adorée se remette rapidement de son accouchement et, surtout, que le nourrisson soit bien portant.

Les yeux lui piquaient. Il les essuya du revers de sa manche, en souriant au souvenir des moqueries affectueuses que les accès de sensiblerie du petit dernier de la famille suscitaient invariablement chez ses grands frères. D'accord, il avait la larme facile, mais comment pouvait-on rester indifférent à la souffrance d'autrui en ce bas monde ?

Guillermo jeta un coup d'œil à la grosse horloge murale au-dessus du bureau des infirmières. Combien de temps encore ? Trente-cinq minutes s'étaient écoulées depuis qu'il avait embrassé Rosa et qu'on l'avait emmenée en salle d'accouchement. Quand viendrait-on le chercher et lui donner une blouse pour qu'il puisse assister au miracle, près de sa femme ? Et puis, quand sa mère allait-elle arriver pour voir le dernier-né de ses petits-enfants ? La moitié de la famille avait fait le voyage depuis Toluca...

À l'étage inférieur, deux hommes en blouse blanche traversèrent le service des urgences de l'hôpital Nuevo Juarez et pénétrèrent dans l'ascenseur. Au troisième étage, ils s'engagèrent dans le couloir aseptisé d'un pas décidé. Ni l'un ni l'autre n'étaient médecins.

Barcelone, Espagne

La salle était conquise. Sur scène, Guillermo Torres entonna les premières mesures de *What A Wonderful World*. Les clients du bar à tapas applaudirent avec enthousiasme. La chaleur qui émanait du public lui était aussi douce que les caresses d'une maîtresse amoureuse.

Il lança un regard à Armando, le patron de l'établissement, qui lui promettait depuis longtemps de le programmer en soirée. S'il n'était pas convaincu aujourd'hui que Guillermo était capable de tenir son public jusqu'au bout de la nuit, il ne le serait jamais.

Guillermo aimait chanter presque autant qu'il aimait enseigner. La musique était sa passion. Le langage de son âme.

À l'entracte, il alla se jucher sur un tabouret devant le bar. Comme d'habitude, un Pernod l'attendait, devant une petite assiette de *boquerones* et une coupelle d'olives. Claudia connaissait ses goûts.

Un serveur sortit de la cuisine en tenant à bout de bras un plateau chargé de champignons à l'ail, de fromage frit et de poulet au cumin. Guillermo n'avait jamais vu ce grand échalas moustachu.

— Où est Claudia ? s'enquit-il. Elle était là tout à l'heure.

— Malade, répondit l'homme en haussant les épaules. Trucs de femme. Un autre ? ajouta-t-il en désignant du menton le verre vide de Guillermo.

Une jeune femme s'approcha de lui et le complimenta sur sa voix. Guillermo ne vit pas le serveur remplir son verre ni déboucher une petite flasque argentée et la rempocher promptement.

Les tapas étaient délicieuses, l'alcool excellent, et la femme en robe écarlate au parfum entêtant lui souriait langoureusement, la main posée sur son bras.

Il vida son verre d'un trait. La vie était belle.

Atlanta, Géorgie

La vie de Guillermo Torres se résumait au base-ball. Il s'était initié à ce sport dans son village, à Porto Rico, puis, de qualification en qualification, il avait fait son chemin jusqu'en ligue américaine.

Ce jour-là il n'était pas au meilleur de sa forme. Sa hanche le faisait souffrir. La veille, il avait fait une mauvaise chute en atteignant le marbre. Heureusement, il ne s'agissait que d'un match amical contre les policiers locaux, destiné à collecter des fonds pour les victimes de violences domestiques.

Guillermo siégeait au conseil d'administration de plusieurs œuvres caritatives, mais la cause des femmes battues lui tenait particulièrement à cœur. Histoire de venir en aide à celles qui, à l'instar de sa mère, ne savaient comment se séparer d'un mari violent. Sans doute aussi afin de réparer son impuissance d'alors, quand, enfant paralysé par la terreur, il regardait son beau-père la rouer de coups pour un rien. Aujourd'hui, sa mère était fièrement perchée dans la tribune d'honneur en compagnie de sa bru et de ses petits-enfants.

Occupé à se masser la hanche, il ne remarqua pas le supporter qui se faufilait dans les gradins avec une bière et une part de pizza, et s'installait quatre rangs derrière sa famille. Tandis que les équipes se mettaient en place sur le terrain, Guillermo agita la main en direction du public.

Juste avant la fin de la première manche, lorsque le coup de feu retentit, la foule pensa qu'il s'agissait du bruit produit par la batte de Guillermo.

Chapitre 36

À travers la vitre ruisselante de pluie, David aperçut deux hommes qui descendaient d'un taxi devant le monument de la Tour. Il se figea soudain en reconnaissant l'un d'eux. Non... Il lui ressemblait, mais ce ne pouvait être...

Dillon.

– Laissez-nous ici, s'il vous plaît, lança-t-il au chauffeur en brandissant un billet.

– Qu'est-ce que vous faites ? s'alarma Yaël. Nous ne sommes pas encore à Trinity Square.

David avait déjà ouvert la portière pour se diriger vers les deux hommes. Yaël s'élança derrière lui et le rattrapa par la manche.

– Vous les connaissez ?

– L'un des deux. C'est mon meilleur ami, Dillon McGrath, le prêtre qui m'a envoyé chez rabbi ben Moshé.

L'ami qui n'a pas trouvé mon passeport. Qui est allé chez moi le jour où Eva a été assassinée.

– Et l'autre ? Vous savez qui c'est ?

– Pas encore, répondit-il en traversant la rue.

Dillon et son compagnon descendaient King William Street en direction du pont de Londres. Tandis que l'autre ouvrait un parapluie, Dillon remonta son col.

– Pourquoi ne l'appelez-vous pas ? demanda Yaël.

– Je ne sais pas si je peux lui faire confiance, bredouilla David.

Ces mots lui faisaient mal. Jamais il n'aurait imaginé qu'il dirait un jour une chose pareille de Dillon.

– Ils s'engagent dans Arthur Street, indiqua Yaël. Laissons-les prendre un peu de distance.

À mesure qu'ils se rapprochaient des docks, la foule des passants se faisait moins dense. Non loin, on apercevait la Tamise, couleur de plomb. Chaque pas les éloignait de Trinity Square.

– Vous ne deviez pas téléphoner à Chris ? demanda Yaël.

David ne lui répondit pas.

Dillon et l'inconnu poursuivirent leur chemin dans Swan Lane.

Ne suis-je pas en train de mettre Stacy en danger pour rien ? s'interrogeait David. Devenait-il paranoïaque ? Dillon était un type foncièrement honnête. Le Gnoseos avait semé un tel trouble dans sa vie qu'il en était venu à douter de son meilleur ami. Un homme qui avait voué son existence à Dieu.

Je pourrais peut-être lui demander de m'aider. Il me suffirait de crier son nom...

Dillon et son compagnon tournèrent à l'angle d'une rue.

Angels' Passage, lut David sur le panneau. Le passage des Anges. Des Anges Noirs ?

Yaël lui saisit le poignet.

— Ils entrent dans un entrepôt, David. Je crois que nous devrions attendre un peu avant de pénétrer là-dedans.

— Vérifions s'il y a une autre issue.

En évitant les flaques d'eau, ils contournèrent le bâtiment. Soudain, David s'immobilisa si brusquement que Yaël le heurta de plein fouet. Ils se plaquèrent contre le mur latéral. Sur l'aire de livraison, des hommes déchargeaient des valises et des caisses d'un camion blanc.

— Leurs badges ! chuchota Yaël.

Les manutentionnaires portaient à la ceinture un insigne représentant une tour et la foudre. La Maison Dieu.

— Nous les avons trouvés, David. Nous devons nous introduire à l'intérieur.

— Et Stacy ?

— Si c'est ici le quartier général du Gnoseos, il y a des chances pour que Chris et Stacy soient là. Vous avez économisé un appel téléphonique.

— Et gagné l'avantage de l'effet de surprise.

David sortit la carte de Gillis, Yaël celle de rabbi ben Moshé.

— Nous allons entrer par la porte principale, en faisant comme si de rien n'était, déclara David en se dirigeant vers le devant de la bâtisse. Vous êtes sûre que vous voulez venir avec moi, Yaël ? Vous pourriez peut-être aller à Trinity Square et...

– Pas question que je vous lâche d'une semelle, décréta-t-elle en passant devant lui pour pousser la porte de métal, en vain.

David frappa un coup, puis présenta sa carte de tarot devant le judas, affectant un air nonchalant.

Le battant s'ouvrit sur un homme à la carrure imposante, une mitraillette à la main. Le visage fermé, il tendit l'autre main en direction des cartes de David et de Yaël, et les examina longuement. Le garde leur rendit leurs cartes et recula pour les laisser entrer.

– Au fond du couloir à droite, dit-il en indiquant la direction avec sa mitraillette. Vous avez des bagages ?

– En principe, ils ont été livrés, répondit David tout en passant le bras autour de la taille de Yaël puis en l'entraînant vers le couloir d'une démarche désinvolte.

Cinq Anges Noirs sur le qui-vive, et armés, étaient postés au début du corridor. Des malles, des caisses et des packs de bouteilles d'eau s'entassaient contre les murs. Des provisions.

Le couloir aboutissait à une porte de bois, laquelle donnait sans doute autrefois sur le bureau du directeur de l'entrepôt. David la poussa. Elle s'ouvrit sur une espèce de bouche de métro. Un escalier s'enfonçait dans la pénombre, éclairé seulement par des petits globes de lumière, le long des marches de ciment.

Heureusement que je n'ai plus le vertige, songea David. L'escalier était raide, et on n'en voyait pas la fin.

Il entama la descente, Yaël sur ses talons. Des effluves d'eau de toilette planaient dans l'air moite. Les pas de Yaël résonnaient derrière lui.

Les 36 Justes

L'escalier était de plus en plus raide. Il bifurquait parfois mais semblait ne jamais vouloir se terminer.

— Dans l'autre sens, on va souffrir, chuchota Yaël.

Espérons que nous n'aurons pas à le remonter au pas de course avec les Anges Noirs à nos trousses, pensa David.

La lumière était de plus en plus faible, l'atmosphère de plus en plus froide et humide.

Yaël avait les pieds gelés. Elle en avait exploré, des galeries souterraines, dans le désert, mais aucune qui évoquât un escalier sans fin. Lorsqu'elle avisa un palier de ciment, elle poussa un soupir de soulagement.

Ils firent halte. À leur droite se trouvait une porte de métal ; à leur gauche, une autre volée de marches.

— Oh, non... murmura la jeune femme.

David avait l'impression de dégringoler en enfer. *Tout à l'heure, on va se retrouver au bord du Styx...*

— Choisissez, lui dit Yaël en se massant les mollets. La porte ou l'escalier ?

Il désigna la porte. Elle était fermée.

— Nous ferions trop de bruit en essayant de la forcer, dit-il. Continuons par l'escalier.

— Est-il trop tard pour vous faire remarquer que nous sommes en train de nous jeter dans la gueule du loup sans aucune arme ou moyen de défense ?

— Nous avons le bien de notre côté, non ? répliqua David à mi-voix avec une pointe d'ironie.

Il regrettait néanmoins de ne pas avoir pensé à acheter un couteau, à la sortie de l'aéroport.

— Faites attention, prévint-il. Ça glisse.

— La condensation, répondit-elle en se concentrant sur ses pieds.

Des pas résonnèrent au-dessus d'eux.

Ceux qui arrivent doivent savoir où ils vont, pensa-t-elle.

Ils continuèrent à descendre. David commençait à redouter de ne plus jamais revoir la lumière du jour. *Tant qu'il reste des Justes, il reste de l'espoir...* se rassura-t-il.

Du bas de l'escalier lui parvenaient à présent des voix et le clapotis de l'eau.

— La fête a déjà commencé, murmura Yaël.

— Tant que personne ne s'aperçoit que nous n'étions pas invités...

Quelques minutes plus tard, l'escalier déboucha sur une vaste grotte faiblement éclairée, au fond de laquelle deux doubles ouroboros de cuivre encadraient une porte à deux battants. Les sculptures étaient immenses, mais la salle si haute qu'elles paraissaient minuscules.

De l'autre côté se dressait une colonne de roc, couronnée par une sorte de balcon en saillie. La formation naturelle évoquait un poste d'observation primitif. David n'aurait pas été surpris d'y voir apparaître le dirigeant du Gnoseos saluant ses fidèles. Son regard fut attiré par des portes vitrées à l'arrière du balcon et au travers desquelles il lui semblait distinguer du mouvement.

À quelques mètres de l'escalier, une femme debout derrière un lutrin leur fit signe d'approcher. Brune, très mince, elle portait un ouroboros de cristal épinglé sur la veste de son tailleur rouge. Un Ange Noir était posté à ses côtés, un pistolet à la ceinture.

— Par ici, s'il vous plaît, lança la femme sur un ton impatient. Vous êtes les derniers. Puis-je voir vos cartes ?

Chapitre 37

Chris traversa le couloir sans accorder le moindre regard aux personnes qui s'inclinaient respectueusement sur son passage. Puis il s'engagea dans l'escalier et descendit les marches aussi vite que sa jambe le lui permettait, sa canne claquant sur le métal.

Qu'est-ce qu'il fabrique, bon sang ? Il se fout de moi ? se demandait-il. Raoul lui avait signalé que Shepherd et l'Israélienne étaient arrivés à Heathrow depuis plus de deux heures. Pourquoi n'étaient-ils pas allés à Trinity Square ? Pourquoi n'avaient-ils toujours pas appelé ?

Les cris de sa petite fille chérie l'inciteront peut-être à se dépêcher.

Chris sortit la clé de sa poche et l'introduisit dans la serrure. Il constata avec surprise que la porte était ouverte, et la cellule vide. Incrédule, il balaya du regard le lit de camp, la chaise, les quatre coins de l'alvéole.

Un rugissement de colère lui échappa. Il composa aussitôt un numéro sur son téléphone.

— Elle n'est plus là ! retentit sa voix dans le centre de

commande des Anges Noirs, à l'étage inférieur. Elle s'est évadée ! La dernière des Justes... Retrouvez-la !

Une sirène d'alarme hurla. Ivre de rage, Chris remonta l'escalier. Une dizaine d'Anges Noirs dévalaient déjà les marches dans l'autre sens. Sur le palier, il se retrouva nez à nez avec Di Stefano, qui paraissait étonnamment calme.

— Il faut qu'on retrouve la fille ! aboya Chris.

— Oh, nous la retrouverons, je ne me fais pas de souci. Où veux-tu qu'elle se cache ?

Un petit sourire retroussa les lèvres de Di Stefano.

— J'ignore à quel jeu tu joues, poursuivit-il, et pourquoi tu ne m'as pas livré le nom du dernier Juste. Je ne te demande pas non plus qui a émis un ordre d'assassinat à partir de mon serveur. Je ne veux pas le savoir. Je tiens seulement à t'informer, Serpent, que trois hommes du nom de Guillermo Torres ont été éliminés aujourd'hui. Quant à Jack Cherle, son bateau accoste en ce moment même. Son sort sera bientôt réglé. Ce qui ne nous laisse plus que la fille.

— Quand on l'aura retrouvée, je veux qu'on me l'amène ! tempêta Chris.

— Quand on l'aura retrouvée, on la tuera, rétorqua Di Stefano froidement. Cette affaire ne te concerne plus, Serpent. Tu as rempli ton rôle, et avec brio. Notre heure est venue. Il n'y a plus de raison de garder Stacy Lachman en vie. David Shepherd n'a pas réussi à nous mettre des bâtons dans les roues. Quand elle sera morte, nous aurons gagné. Ne te soucie plus de rien. Va donc te préparer pour la fin, et pour la renaissance.

Un grondement interrompit Di Stefano. Les deux

hommes levèrent la tête vers le plafond du tunnel. Di Stefano consulta sa montre. Un sourire étira ses lèvres.

— Cherle est mort, dit-il, ou il le sera dans quelques secondes. Il n'en reste qu'un.

Southampton

Trois coups de feu retentirent à quelques secondes d'intervalle. Jack Cherle s'écroula sur le quai. Aux hurlements de ses proches se mêlaient ceux des passagers du *Queen Mary II* qui s'aplatirent sur le sol.

— Bien joué, les gars. On se revoit à Londres, crépita la voix de Geoffrey dans l'oreillette des deux autres Anges Noirs, dont les véhicules s'éloignaient déjà du port.

Chapitre 35

David et Yaël déposèrent leurs lames de tarot sur le lutrin. Comme le cerbère à l'entrée de l'entrepôt, la femme en tailleur rouge en examina longuement le recto, puis le verso. *Elle vérifie les numéros,* songea David en retenant sa respiration.

La femme pianota sur le clavier d'un ordinateur, puis regarda tour à tour Yaël et l'écran.

Le cœur de David battait à se rompre. Il feignit de se plonger dans la contemplation d'une immense toile de Ron Lichtenstein. *D'une minute à l'autre, l'Ange Noir va dégainer son arme et nous descendre. Je devrais prendre les devants et lui sauter dessus...*

L'Ange Noir s'avança, la main sur la crosse de son pistolet.

— Il y a un problème ? demanda-t-il.

— Pas du tout, répondit Yaël. Vous avez ma carte, vous avez mon nom.

— Justement, répliqua sèchement la femme. Cette carte a été délivrée à un homme.

— C'est impossible, intervint David.

— Il doit y avoir une erreur, s'emporta Yaël. Appelez-moi M. Di Stefano, s'il vous plaît. Ou Chris Mueller.

La femme à l'accueil perdait contenance. Elle jeta un coup d'œil à l'Ange Noir.

— Dites-lui de poser son arme, intervint David. Elle a sa carte, je ne vois pas ce qui pose problème. Il a dû y avoir une confusion dans les numéros, c'est tout. Nous sommes les derniers, ne retardons pas nos amis, vous savez ce qu'il peut en coûter ! ajouta-t-il d'un ton menaçant.

— Mais je lis ici que cette carte a été attribuée à M. Paul Wright... bafouilla leur interlocutrice.

— *Paula* Wright, rectifia Yaël avec hauteur. Quelle incompétence... C'est inacceptable.

David pointa l'index sur l'Ange Noir.

— Vous, allez chercher Di Stefano, que nous réglions ce malentendu sans perdre plus de temps.

— Ce ne sera pas nécessaire, déclara la femme, qui ouvrit un tiroir, d'où elle retira deux petites clés suspendues à des chaînettes dorées. Monsieur Gillis, vous avez la chambre 17, couloir D, au niveau principal. Madame Wright, vous êtes dans la chambre 42, couloir C, niveau inférieur, près des escaliers.

Yaël s'empara de sa clé et tourna les talons sans se départir de sa mine outrée.

— Dépêchons-nous, James, puisque nous sommes déjà si en retard...

— On l'a échappé belle, murmura David en la rattrapant.

Ils se fondirent dans la foule. Car, à leur grande surprise, foule il y avait : un peu plus loin, le tunnel était aussi congestionné que les couloirs du métro new-yorkais aux heures de pointe. Certes, l'atmosphère y était plus lugubre. Des ampoules nues et de gros cierges dispensaient une faible lueur sur les parois de roc suintantes et les plates-formes métalliques. L'air empestait le moisi.

On se serait cru dans un immense abri antiatomique.

Où vais-je retrouver Stacy dans ces limbes gigantesques ? se demandait-il en observant les visages euphoriques des membres du Gnoseos. Au grand soulagement de David, à l'exception d'un signe de tête ou d'un sourire occasionnel, personne ne semblait leur prêter attention. Les individus qu'ils croisaient ne sortaient pas de l'ordinaire, ils auraient pu les côtoyer ailleurs, dans le vrai monde, sans se douter qu'ils étaient des ennemis. Stacy représentait l'unique espoir de les vaincre, mais où la chercher ?

D'un pas alerte, David et Yaël passèrent devant un vaste auditorium, une salle à manger, une cuisine.

Un grondement fit vaciller les flammes des bougies. David et Yaël levèrent la tête vers le plafond.

— Qu'est-ce que c'était ? murmura Yaël d'une voix alarmée. Je sens encore le sol vibrer sous mes pieds.

— Je ne sais pas, mais ça ne me dit rien qui vaille. Dépêchons-nous de retrouver Stacy et de sortir d'ici.

Autour d'eux, une rumeur parcourut la foule. Puis une sirène d'alarme hulula.

— Ce doit être l'heure ! s'exclama un homme.
— Allons à l'auditorium ! lança une femme.
Des cris fusèrent.

— Victoire ! À l'auditorium !

Tout le monde se précipita dans la direction d'où venaient Yaël et David. En se frayant un passage à contresens dans la cohue, ils se hâtèrent vers le fond de la galerie.

Le cœur de David cognait contre ses côtes. Le temps leur était compté. Il espérait néanmoins que, lorsque les fidèles du Gnoseos seraient rassemblés dans l'auditorium, Yaël et lui pourraient fouiller le labyrinthe sans risque.

Quatre Anges Noirs surgirent en face d'eux, arme au poing.

Ils se figèrent.

— Vous n'auriez pas vu une gamine blonde avec un pull gris ? leur demanda l'un d'eux.

Stacy. David secoua la tête, la bouche trop sèche pour formuler un son. L'Ange Noir tendit le bras.

— Allez à l'auditorium, ordonna-t-il. Les couloirs doivent être dégagés afin que nous puissions la chercher. Si vous la voyez, attrapez-la et emmenez-la à la réception. C'est la dernière des Justes.

— Bien sûr, approuva Yaël.

— Comment s'est-elle échappée ? parvint à articuler David.

— Ça, j'aimerais bien le savoir, maugréa l'Ange Noir en s'approchant de lui. Au fait, vous allez où, tous les deux ?

David agita la clé de sa chambre.

— J'ai oublié quelque chose.

— Tant pis. Il faut évacuer les couloirs.

Crétin, songea David, qui feignit d'obéir. Dès l'instant où le type eut disparu, il prit la main de Yaël et l'entraîna vers l'escalier.

– Venez, allons jeter un coup d'œil en bas.

Au bout du tunnel, le corridor se subdivisait en six passages plus étroits, chacun surplombé d'une lettre allant de A à F. Les couloirs jalonnés de portes s'étendaient à perte de vue. *Et si Stacy était derrière l'une de ces portes ?*

בס

Chapitre 39

David s'efforça de réfléchir calmement. Son instinct lui soufflait de fouiller le niveau inférieur.

— Allons d'abord voir en bas, décréta-t-il. Nous remonterons après.

— Une minute, chuchota Yaël en s'approchant d'un plan placardé sur le mur derrière l'escalier.

— Regardez ! fit David. Ce balcon que nous avons vu tout à l'heure mène à la salle du Conseil. Nous avons peut-être une chance d'y trouver Chris et Stacy.

Yaël continuait d'étudier le plan et énumérait à voix haute :

— Le compacteur de déchets, le système de ventilation...

Elle posa le doigt sur une zone circulaire non légendée, à proximité de l'escalier en spirale.

— Qu'est-ce que c'est ? Vous croyez...

— Il n'y a qu'un seul moyen de le savoir, l'interrompit David.

Ils se dirigèrent vers le secteur en question. La zone interdite consistait en un puits entouré d'une rambarde.

– Voie sans issue, bougonna David en se penchant au-dessus du vide.

Ses côtes le faisaient affreusement souffrir, mais il restait sourd à la douleur.

– Voici le compacteur de déchets, dit Yaël en désignant un grand container.

– Je vais jeter un œil.

Tandis que Yaël faisait le guet, il grimpa à l'échelle encastrée dans le container.

– Dépêchez-vous, souffla-t-elle.

– Je ne vois rien, lança David en soulevant la trappe qui se trouvait au sommet. Enfin, que des ordures.

En entendant un craquement, ils sursautèrent tous les deux. Yaël pivota sur ses talons. Un gros rat se faufila dans une étroite ouverture sous une protubérance naturelle de la paroi rocheuse.

– Il y a un passage ici, dit-elle. Les rats sont généralement attirés par la nourriture, non ?

David redescendit de l'échelle à la hâte et pénétra dans le renfoncement. Ils remarquèrent la porte tous les deux au même moment. Elle aurait aisément pu passer inaperçue dans ce recoin isolé du bunker, fondue comme elle l'était dans la roche.

L'endroit idéal pour séquestrer un otage, pensa Yaël.

La porte était entrebâillée. Pas plus grand qu'un placard, le réduit semblait vide. David tâtonna les murs à la recherche d'un interrupteur. Une pâle lueur fluorescente éclaira l'alvéole, révélant une chaise, une commode, un lit de camp défait. Par terre, un sandwich au fromage entamé. Yaël s'accroupit au pied du lit pour ramasser un caoutchouc jaune.

— C'est à elle, murmura David en reconnaissant le bracelet qu'il avait offert à Stacy l'été précédent.

La gorge nouée, il le passa autour de son poignet.

— Elle était là... répéta-t-il. Le fumier...

— Qu'est-ce que vous faites là ? Vous n'êtes pas en haut ?

David et Yaël se retournèrent en sursautant.

David reconnut instantanément le petit homme râblé qui se tenait dans l'encadrement de la porte, accompagné d'un Ange Noir. Alberto Ortega, ancien secrétaire général des Nations unies. Il avait eu l'occasion de le rencontrer, du vivant de son père, lors d'une réception à la Maison-Blanche où il s'était rendu avec ses parents et les Wanamaker.

— David Shepherd... lâcha Ortega en s'avançant dans la cellule. Comment êtes-vous entré ici ?

Il ôta un bipeur de sa ceinture.

— Mais après tout, peu importe, poursuivit-il. Dans vingt secondes, vous serez aux mains d'une escouade d'Anges Noirs. Non pas que mon ami ici présent ne soit pas capable de s'occuper de vous...

Le colosse aux cheveux roux leur adressa un sourire mielleux.

— Grand plaisir pour moi tuer votre femme de ménage, baragouina-t-il.

David le dévisagea, bouche bée.

Alors ce n'est pas Dillon qui a tué Eva ?

— J'espère que vous avez apporté votre journal, reprit Ortega.

— Bien sûr, répondit David.

Tout en décrochant son sac de voyage de son épaule, il le balança dans le bras d'Ortega. Le bipeur tomba des mains de l'ancien secrétaire général des Nations unies. David se jeta sur lui et lui écrasa son poing sur la figure. Le visage en sang, Ortega s'écroula sur son garde du corps, le déstabilisant. David saisit l'occasion pour tenter de s'emparer du revolver de l'Ange Noir.

Un coup de feu partit. Il entendit Yaël jurer. Il serra les doigts autour du canon brûlant et essaya de tordre le poignet du colosse.

Ortega s'écarta en titubant.

— Tue-le ! articula-t-il, la bouche dégoulinant de sang.

Yaël se propulsa sur lui et le renversa. Puis elle enjamba son corps et enfonça la petite clé dans son œil gauche. Ortega porta les mains à son visage pour se protéger des coups qui pleuvaient sur lui.

David entendait les cris d'agonie d'Ortega comme s'ils provenaient de très loin. Ses côtes craquaient sous les coups du géant.

Le flingue. Il ne faut pas que je lâche le flingue. De sa main libre, il pressa la pomme d'Adam de l'Ange Noir. Les yeux du tueur roulèrent dans leurs orbites, puis revinrent se poser sur lui. Les lèvres retroussées par un rictus, son agresseur lui asséna un coup de poing sur le crâne.

Des étoiles dansèrent devant les yeux de David. Il tomba à genoux. Le revolver voltigea. Il plongea en avant.

Un homme apparut derrière le rouquin, tenant entre ses mains un roc, qu'il abattit sur le crâne de l'Ange Noir. David cligna des paupières en reconnaissant Dillon McGrath.

David s'élança sur Dillon et le plaqua contre le chambranle de la porte.

— Qu'est-ce que tu fous ici ? vociféra-t-il.

— Je t'ai sauvé la vie. C'est comme ça que tu me remercies ?

— Tu voudrais que je te remercie d'avoir essayé de détruire le monde ? C'est pour ça que tu étudiais la métaphysique, *mon père* ? C'est pour ça que tu as laissé ce monstre tuer Eva ?

— Eva ? Elle est morte ? Oh, mon Dieu...

La surprise qui se peignit sur les traits de Dillon semblait sincère. Il secoua la tête, puis repoussa David.

— En tout cas, lui ne l'est peut-être pas, remarqua-t-il en regardant le corps inanimé de l'Ange Noir. Allons-nous-en d'ici avant qu'il revienne à lui.

Postée près de David, Yaël abaissa le revolver du rouquin, qu'elle braquait sur Dillon.

— David, votre ami vient de vous sauver la vie, balbutia-t-elle.

— Bon, alors, qu'est-ce que tu fais ici ? redemanda David à Dillon, alors qu'ils se ruaient tous trois dans l'escalier.

— C'est une longue histoire. Quand tu m'as parlé de l'agate, je me suis souvenu que j'avais déjà vu une pierre semblable. J'ai compulsé tous les bouquins que j'avais sur la magie juive, et j'ai trouvé un chapitre entier à propos des pierres magiques du pectoral du grand prêtre.

Dillon haletait. Tout en montant l'escalier en courant, il continua néanmoins :

— Il y a des années, j'ai rencontré un évêque, à Rome, révoqué depuis pour avoir eu des comportements pas nets. Enfin bref, il portait une bague qui m'avait marqué. Un rubis taillé en cabochon avec des lettres hébraïques gravées dessus.

— Le rubis du pectoral d'Aaron... souffla Yaël, hors d'haleine.

— J'ai retrouvé cet évêque dans la campagne écossaise. Et je lui ai pris son rubis. Pour le rendre aux enfants d'Israël. Et puis j'ai découvert cette lame de tarot, dans une enveloppe, avec un billet d'avion pour Londres.

Bien que sportif, Dillon était à bout de souffle.

— J'ai pris l'avion pour Londres, poursuivit-il. Et à Heathrow, je suis tombé par hasard sur un Allemand qui avait lui aussi une carte de tarot, la même que celle de l'évêque. Je suis venu avec lui jusqu'ici. Maintenant, à toi de me dire ce que tu fabriques là.

Ils étaient encore à mi-chemin du palier. David s'arrêta. Il avait mal partout. Tous les trois, ils reprirent leur respiration.

— Stacy est quelque part dans ce souterrain, ahana David. Ces dingues veulent détruire le monde. Ces voix... Ces noms que j'entendais... Ce sont les noms des gens que ces tarés ont éliminés un à un. Stacy est une Juste... la dernière, peut-être. Il faut qu'on la retrouve et qu'on la sorte de là !

— Mon Dieu... murmura Dillon, soudain blême. Où est-elle ?

— Je n'en sais rien. Demande à Dieu de nous aider, articula David entre ses mâchoires serrées. Avant qu'ils nous rattrapent et qu'ils nous tuent.

מ

Chapitre 40

Il faisait tellement noir que Stacy ne voyait même pas ses mains. L'homme qui était venu la libérer de sa cellule lui avait recommandé de faire le moins de bruit possible. Elle essayait donc de ramper en silence dans le conduit, mais à chaque mouvement son poids faisait grincer la gaine métallique.

« Le conduit de ventilation n'est pas large, et sûrement très sale », l'avait-il prévenue en l'aidant à se hisser par une trappe, au fond de la galerie latérale par laquelle ils s'étaient enfuis.

« Au bout d'un moment, il y aura un embranchement sur ta droite. Prends-le et continue tout droit. Je t'attendrai à la sortie. Quoi que tu entendes, ne t'arrête pas. Continue jusqu'au bout et attends-moi là. Tu as compris ? »

Stacy eut la chair de poule en entendant une sirène d'alarme retentir.

Son cœur battait à se rompre. Elle s'efforça de ne pas penser à son geôlier. Et de faire abstraction du froid, de l'humidité et de sa peur. De se persuader qu'elle n'avait pas commis une erreur en faisant confiance à cet homme qui l'avait aidée à s'échapper. Qu'elle reverrait bientôt sa mère et David. Que tout redeviendrait bientôt comme avant.

En frissonnant, elle continua d'avancer. Elle se contorsionna afin de se faufiler dans le coude du tuyau. Il lui fallut plusieurs minutes pour le franchir.

Elle avait la bouche asséchée par la poussière, les mains glacées et engourdies. Si elle criait, le lion la retrouverait. Ou l'homme aux yeux vairons.

Elle n'avait guère progressé dans l'embranchement lorsque des voix lui parvinrent. Elle s'arrêta et tendit l'oreille, l'estomac noué d'angoisse. Des voix. Elle ne s'était pas trompée. Elle essaya de distinguer ce qu'elles disaient.

Des voix de femmes, furieuses. Les femmes dont elle avait entendu les gémissements ? Elles ne gémissaient plus, à présent. Elles criaient en plusieurs langues. Stacy perçut quelques phrases :

— Qu'ils viennent. On se battra bec et ongles.

— On a bien fait de garder les couteaux et de les affûter.

— Au moins, on pourra se défendre.

Stacy était pétrifiée. Qui étaient ces femmes ? Des prisonnières, comme elle ?

Quoi que tu entendes, ne t'arrête pas. Continue jusqu'au bout et attends-moi.

Je ne peux pas les ignorer et les abandonner à leur sort, songea-t-elle en réprimant un sanglot. Elle avait la gorge irritée à force de respirer de la poussière. Sous ses doigts, en rampant, elle avait senti des grilles. Les voix devaient provenir de l'une de ces bouches d'aération.

Alors qu'elle parvenait à l'embranchement dans le conduit, il lui sembla que les femmes se trouvaient juste en dessous d'elle. Elle palpa les deux parois, à la recherche d'une ouverture. Rien.

Elle recula jusqu'au coude, qui lui fut encore plus difficile à passer à l'arrière qu'à l'avant. Et quand elle réussit à s'en extirper, elle trouva enfin une trappe, semblable à celle que son sauveur lui avait recommandé de bien remettre en place après l'avoir aidée à la franchir.

En retenant sa respiration, elle l'agrippa par les côtés et tenta de la soulever. Le panneau était lourd, mais elle parvint à le déplacer de quelques centimètres. Les voix étaient toutes proches, maintenant. Elle regarda par la fente.

– Tu as peut-être envie de mourir, Irina, mais moi, je veux vivre. Je ne veux pas prendre des risques pour rien.

– Tu n'es qu'une lâche, Louisa, répondit une voix rauque. Je me battrai pour retrouver mon Mario, et s'il le faut, je mourrai pour lui, mais au moins, j'aurai essayé.

Stacy poussa le panneau un peu plus. L'ouverture était à présent assez large pour qu'elle puisse s'y faufiler. Mais le sol du tunnel en contrebas paraissait terriblement loin.

Elle inspira profondément et s'assit au bord de la trappe. Puis, en s'appuyant sur les coudes, elle fit pendre ses jambes aussi bas qu'elle le pouvait.

Elle hésita un bref instant, puis elle sauta, pour atterrir rudement dans un couloir désert, identique à celui où se trouvait sa cellule. Mais les femmes étaient tout près, poursuivant leur querelle.

Stacy s'orienta au son de leurs voix. Les parois de la galerie étaient ornées de tableaux aux teintes sombres, représentant des serpents et des symboles étranges. Elle hâta le pas, jusqu'à ce qu'une porte aux barreaux de fer lui bloque le passage.

Des dizaines de femmes étaient enfermées derrière cette grille, dans une caverne où s'alignaient des paillasses. Les captives étaient pâles et amaigries. Certaines étaient à peine plus âgées qu'elle. Toutes cependant se tenaient voûtées comme des vieillardes.

L'une d'elles poussa un petit cri en l'apercevant, et toutes se pressèrent contre les barreaux pour la voir.

— Qui es-tu ? lui demanda avec un fort accent italien la fille dont elle avait entendu la voix rauque.

— Je m'appelle Stacy. Et vous... Qui êtes-vous ? Que faites-vous ici ?

— Moi, c'est Irina, répondit la jeune femme en s'agrippant aux barreaux. Merci, mon Dieu, chuchota-t-elle en levant les yeux.

Puis elle reporta son attention sur Stacy :

— Nous sommes prisonnières. Aide-nous ! l'implora-t-elle, le visage illuminé par l'espoir. Il y a une clé dans le couloir.

— Où ? demanda Stacy en regardant autour d'elle.

— Derrière l'un des tableaux. Dépêche-toi !

— Lequel ?

Stacy courait déjà vers les peintures. À présent, elle se rendait compte qu'elle s'était tordu la cheville en sautant.

Les 36 Justes

— Ce n'est pas toujours le même, lui lança une autre voix. Vite, dépêche-toi !

Stacy souleva les tableaux un à un. Où était cette fichue clé ? Elle avait l'impression d'entendre des pas. Elle allait finir derrière cette grille avec ces femmes...

Elle faillit faire tomber la dernière toile, la plus grande. La grosse clé noire était là, suspendue à un clou.

Les doigts tremblants, elle la décrocha et retourna à la porte en boitillant. Elle eut du mal à actionner le pêne dans la serrure, mais quand la grille s'ouvrit enfin, les prisonnières se ruèrent dans le tunnel en la bousculant. Seule Irina s'arrêta et lui déposa un baiser sur la joue. Puis en pleurant doucement, elle la prit par la main.

— Viens, petit ange. Cours !

מא

Chapitre 41

— Comment allons-nous la retrouver ? demanda Dillon en regardant prudemment de chaque côté de l'escalier.

— Je suis ouvert à toutes les suggestions, répondit David en s'essuyant le front. Et toi, que comptais-tu faire ici ?

— Leur reprendre les pierres qu'ils ont déjà en leur possession.

— Vous en avez vu ? intervint Yaël.

— Oui, deux, dans un casier de verre, dans la salle du Conseil, derrière le balcon.

— Tu y es allé ? s'étonna David.

— Ouais, avec l'Allemand. Quand nous descendions, l'un de ses collègues en est sorti et nous y a fait entrer pour lui parler. Je suis resté sur le pas de la porte, mais j'ai bien vu les deux pierres.

— Elles sont accessibles ?

— Si le casier n'est pas en verre armé... Depuis que je suis là, j'ai regardé partout si je ne voyais pas une hache, un tuyau en métal, n'importe quoi... Je n'ai trouvé que des amis.

Yaël esquissa un faible sourire.

— Je n'aurais pas dû douter de toi, murmura David. Pardon...

— Tu payeras nos trois prochains restaus et on sera quittes, répliqua Dillon en lui lançant un clin d'œil.

Des pas résonnèrent dans l'escalier.

— Vite ! souffla David.

Alors qu'ils se dirigeaient vers l'auditorium, ils s'arrêtèrent net à la vue d'un groupe d'Anges Noirs.

— Que se passe-t-il ? demanda une voix féminine derrière eux.

David la reconnut sur-le-champ. *Katherine Wanamaker*. La meilleure amie de sa mère, qui l'avait chaleureusement épaulée après le décès de son père. Elle préparait toujours des salades russes en vacances, que David était le seul à manger. Il se retourna et soutint son regard impérieux.

— Allez donc chercher Judd, lui dit-il, qu'on se retrouve comme au bon vieux temps.

— Ce brave Judd me croit à Georgetown en train de récolter des fonds pour l'Orchestre symphonique, rétorqua-t-elle avec un rire moqueur.

— Il vous a téléphoné après avoir dîné avec nous à New York, n'est-ce pas ?

C'était elle qui les avait donnés aux Anges Noirs. Judd ne les avait pas trahis.

Il se jeta sur elle, la plaqua contre lui, et se tourna face aux Anges Noirs. Yaël bondit auprès de lui et pressa le canon du revolver contre la tempe de Katherine Wanamaker.

— Un pas de plus et elle est morte ! hurla David.

Dans l'escalier, les pas se rapprochaient. *Dans quelques secondes, nous serons cernés de toutes parts. Où est Stacy ?*

Katherine se contorsionnait pour se libérer. Il resserra son étreinte.

— Encore un mouvement et je tire, menaça Yaël.

— Où est ma fille ? hurla David en enfonçant les doigts dans la chair de Katherine.

— Même si je le savais, je ne te le dirais pas. Ne te fatigue pas, David, tu n'obtiendras rien de moi, répondit-elle en essayant de tourner la tête vers lui.

— Où est Mueller ?

Une horde de femmes échevelées surgit de l'escalier. Les Anges Noirs se retournèrent.

— Qu'est-ce que c'est que ça ? souffla David.

— Faites-les redescendre ! ordonna Katherine.

— Dis-moi où sont Chris Mueller et Stacy ! rugit David.

Yaël débloqua le cran de sécurité de son arme.

— Stacy ! hurla David. Où est Stacy ?

Emportée par le flot des prisonnières, Stacy entendit la voix de David. Il l'appelait.

— David ! cria-t-elle.

Elle trébucha sur une marche. Irina la retint. Surtout, ne pas tomber. Si elle tombait, elle se ferait piétiner. Les femmes couraient comme un troupeau de vaches affolées dans un corral. Elle s'emplit les poumons d'air, en priant pour ne pas s'être trompée.

— David ! s'écria-t-elle en l'apercevant en haut de l'escalier.

Il fit volte-face. Comme au ralenti, elle vit la surprise se peindre sur ses traits, puis la joie. Il lâcha Katherine et se précipita vers elle.

Quelqu'un la saisit par la taille, la souleva de terre. Elle se débattit en hurlant. Terrorisée, elle parvint à tourner la tête, et croisa les yeux vairons. Les yeux de l'homme qui avait tué Hutch, qui avait blessé sa mère.

— David, au secours !

Un homme empoigna David à bras-le-corps. Un coup de feu retentit.

La mâchoire de David heurta le sol. Il entendit une déflagration et essaya de lever la tête, mais deux Anges Noirs le clouaient à terre. Yaël était retenue par un malabar qui lui avait repris le revolver. Il perçut des coups. Dillon cria.

— Montez la gamine à la salle du Conseil, ordonna Katherine.

L'homme qui tenait Stacy proféra lui aussi des ordres.

— Vous, emmenez Shepherd et ses amis à la réception. Je vais consulter le chef à leur sujet. Et vous, là, au lieu de rester plantés comme des idiots, occupez-vous des prisonnières ! Allez !

Stacy pleurait. David aurait donné n'importe quoi pour tuer la brute qui la traînait comme un pantin.

L'Ange Noir qui l'avait immobilisé le remit sur pied

et le poussa en direction de la réception. Deux autres gorilles le suivirent avec Yaël et Dillon. La jeune femme avait une joue tuméfiée. Dillon saignait du nez. Plusieurs femmes en haillons avaient été capturées.

Un homme aux cheveux noirs sortit de l'auditorium et s'avança vers eux d'une démarche élégante et assurée.

– Monsieur Di Stefano, nous avons trouvé Shepherd. Que devons-nous en faire ?

Di Stefano.

Avant que le Premier ministre italien ait pu ouvrir la bouche, une silhouette surgit de derrière le bureau de la réception.

Irina bondit sur lui et lui plongea un couteau dans le cœur. Di Stefano émit un gargouillement et bascula en arrière. Interdits, les Anges Noirs demeurèrent un instant tétanisés, puis ils lâchèrent leurs prisonnières et se ruèrent vers l'inconsciente qui avait attaqué leur chef. Elle fendit l'air de son couteau afin de les tenir à distance. Puis avec un cri perçant, elle s'élança dans l'escalier.

Yaël courut jusqu'à l'un des deux ouroboros de cuivre, et se glissa entre le mur et la statue. En prenant appui contre la paroi de roc, elle poussa la sculpture de toutes ses forces.

Dillon se battait avec un Ange Noir aux cheveux coupés en brosse. Il lui allongea un direct du droit, qui envoya son adversaire rouler sur le dos. Puis il prit son élan et lui sauta sur le torse à pieds joints. Un cri animal résonna dans le tunnel.

Dillon s'empara du revolver de sa victime et fit volte-face.

Les 36 Justes

David se rua dans l'escalier, où il se retrouva bloqué par un mur de muscles et de revolvers. Il sauta par-dessus la rampe et fonça se réfugier derrière la colonne qui soutenait le balcon.

Dillon tira à plusieurs reprises. L'un des poursuivants de David s'affaissa en se tenant l'épaule. Les autres s'éparpillèrent dans le hall de réception.

Yaël poussa un cri. Dillon se retourna vers elle.

La sculpture oscilla. Le visage déformé par l'effort, Yaël s'arc-bouta. Dans un fracas qui fit vibrer le bunker, l'immense ouroboros de bronze s'écrasa sur les poursuivants de David.

Dillon fut saisi d'un vertige de remords mêlé d'espoir. Il baissa les yeux. Du sang se répandait sur sa poitrine. Il n'avait pas mal, un étrange bourdonnement résonnait dans ses oreilles. Il avança d'un pas et s'écroula sur le sol.

Regardant droit devant elle, Yaël prit le revolver d'un Ange Noir et se dirigea vers l'escalier.

מב

Chapitre 42

De sa canne, Chris Mueller frappa le plancher de la salle du Conseil et se leva de sa chaise. Ignorant l'éclair de frayeur qui fusa dans le regard de Stacy Lachman, il s'avança sur le balcon. Une scène de chaos.

Un ouroboros était renversé sur les corps de plusieurs Anges Noirs. Un peu plus loin, un homme gisait à plat ventre dans une flaque cramoisie. Et Di Stefano ne respirait plus, lui non plus, dans sa chemise blanche maculée de sang.

Des gens jaillissaient de l'auditorium en hurlant.

Que s'était-il passé ? Un instant auparavant, Chris avait vu Di Stefano se diriger vers David Shepherd, prisonnier d'un Ange Noir.

Où était Shepherd, maintenant ? Comment avait-il réussi à échapper aux Anges Noirs ? À créer un tel cataclysme ?

La mâchoire contractée, Chris retourna dans la salle du Conseil.

– Di Stefano est mort, annonça-t-il. Et Shepherd a disparu.

– Comment est-ce possible ? s'alarma Odiambo Mofulatsi, le diamantaire sud-africain, numéro trois du Cercle. Où est Ortega ? Et ton père ? Comment se fait-il qu'ils ne soient pas encore là ?

– Raoul, lança Chris sans lui répondre, amène la fille sur le balcon. Il est l'heure.

Stacy se recroquevilla sur sa chaise et leva vers l'Ange Noir un regard paniqué. Lorsque la main de Raoul se referma autour de son poignet, elle se débattit, mais il la traîna sans peine jusqu'au balcon.

Mueller posa sa canne contre un mur. Puis il adressa un signe de tête à Raoul, qui poussa la petite fille vers lui. Il la souleva à bout de bras. En sanglotant, elle tenta de se libérer, mais il la maintint fermement contre lui. Un sourire étira ses lèvres. Il s'approcha tout près de la rambarde.

– Tiens-toi bien ou je te lâche, lui souffla-t-il à l'oreille.

– Qu'est-ce que vous attendez ? lui lança Raoul. Allez-y ! C'est le dernier obstacle à l'Ascension.

Chris ne l'écoutait pas. Rien ni personne ne l'empêcherait de reprendre possession de l'agate que Shepherd lui avait volée. Et de se venger de ses années de coma en obligeant David Shepherd à assister à la chute de cette gamine.

En contrebas, la foule se tut à la vue de la fillette.

– La dernière des Justes ! s'exclama quelqu'un.

– C'est le Serpent ! cria une autre voix.

Le Serpent. Son nom parcourut l'assemblée des fidèles comme un mantra, une prière.

Mofulatsi s'avança pour s'adresser à la foule.

— Je vous prie de retourner à l'auditorium. Préparez-vous. L'Ascension est imminente.

Katherine Wanamaker et quelques autres obéirent, mais la plupart demeurèrent sous le balcon, fascinés par le spectacle de la fille au-dessus du vide.

— À l'auditorium, j'ai dit ! cria l'Africain en tendant son long bras.

Chris claqua des doigts en direction de Raoul.

— Va chercher Shepherd et amène-le ici. Vite !

— Nous n'avons plus besoin de Shepherd ! aboya Mofulatsi. Raoul, appelle Alberto Ortega et Erik Mueller, qu'ils prennent part avec nous à l'anéantissement de ce monde corrompu.

Raoul s'exécuta. Suffoquant de rage, Chris le suivit des yeux. N'eût-ce été pour prouver qu'il n'avait d'ordre à recevoir de personne, il aurait balancé Stacy par-dessus le balcon.

Un cri rauque lui échappa, qui fit écho contre les parois de la caverne.

— David Shepherd, montre-toi ! vociféra-t-il. Une vie est suspendue au-dessus du vide. Une vie précieuse. La dernière de tes Justes. Viens la sauver, si tu l'oses.

Les fidèles avaient regagné l'auditorium. Shepherd n'était nulle part.

— Tu as peur, Shepherd ? Trop lâche pour voler à son secours ? Viens, je te défie !

Consumé par la haine, Chris desserra un instant son étreinte autour de la fillette. Stacy se dégagea vivement et sauta à terre. Il la rattrapa et la bloqua contre le rebord du balcon. Elle poussa un cri.

– Je te mets au défi de venir la sauver, Shepherd ! Je te mets au défi !

Le visage de David ruisselait de sueur. Ses doigts saignaient, ses paumes étaient à vif. Il avait la respiration sifflante.

Il n'avait pas de pic, pas de corde, et peu de prise sur la colonne. Tout en l'escaladant, il se répétait les conseils de Hutch. Un pied après l'autre. Ne regarde pas en bas. Toujours les yeux vers le sommet. Il ne pouvait pas se permettre de penser à autre chose qu'au pilier de roc. Chris l'appelait. Il hurlait comme un dément. David fit abstraction de ses vociférations et secoua la tête pour chasser la sueur qui lui coulait dans les yeux.

Il se cala les doigts dans une fissure, plaqué contre la paroi irrégulière. Il était un roc. Il ne faisait qu'un avec la tour.

Un cri suraigu lui déchira les tympans. Stacy. Elle était juste au-dessus de lui. Ses doigts tremblèrent, son pied dérapa.

Chapitre 43

– Chris, attends-nous !

Chris se raidit en entendant son père.

– Regarde qui j'ai trouvé dans l'escalier, s'enorgueillit Erik Mueller en traînant Yaël Harpaz sur le balcon.

– Bien, fit Chris en regardant la fillette terrifiée qu'il tenait penchée au-dessus du vide. Son héros ne doit pas être très loin.

– Finissons-en, déclara Mofulatsi avec impatience. Où est Ortega ?

Il consulta sa montre. Raoul fit irruption dans la salle du Conseil.

– Ortega est mort. Son Ange Noir aussi, annonça-t-il.

Ses yeux vairons se posèrent sur le visage blême de Stacy Lachman.

– Il n'y a plus de raison d'attendre, ajouta-t-il. Tue-la.

Mofulatsi s'avança d'un pas autoritaire.

– C'est moi le chef, maintenant. Laisse-la-moi, Serpent. C'est à moi que revient l'honneur de lui donner la mort.

— Non ! cracha Chris en scrutant le hall en contrebas d'un regard embrasé de fureur. C'est moi qui déciderai de la fin. Shepherd ! Où es-tu, Shepherd ?

— Ici, répondit David en se hissant prestement par-dessus le rebord du balcon.

David ouvrit sa paume ensanglantée. L'agate brillait presque autant que la convoitise dans les yeux de Chris.

— Tu la veux, Mueller ? Eh bien, prends-la, si tu l'oses...

David se défendait de regarder le visage épouvanté de Stacy. Il planta son regard dans celui de Chris.

— Lâche-la, dit-il, et je te rends la pierre.

— Tu me la rendras dans tous les cas, riposta Chris. Mais d'abord, tu vas la voir mourir.

David jeta la pierre en l'air et la rattrapa.

— Tu n'oses pas me la prendre ? Tu n'as jamais été très courageux, Chris. Es-tu fier de te cacher derrière une enfant ?

— Assez ! tonna Mofulatsi. Donne-moi la fille, Serpent ! Et toi, Raoul, tue-les !

David se tourna vers l'homme au teint mat qui armait déjà un revolver. *Ses yeux. Un œil bleu, un œil marron.*

Il était face au monstre qui avait tué Hutch. Qui avait kidnappé Stacy. Qui s'apprêtait à lui loger une balle dans le corps et à tuer Yaël.

Je n'ai rien à perdre. Tous les regards étaient fixés sur lui, le canon du revolver braqué vers sa tête.

— Tu es sûr que tu ne la veux pas ?

Son cœur tapait contre ses côtes meurtries. Il fit un

pas vers Chris, puis un autre, en agitant l'agate devant lui.

— Rends-moi mes années perdues ! hurla Chris. Toi, tu as vu la lumière, pendant que je végétais dans les ténèbres. Les noms t'ont été donnés, alors que j'ai passé des jours et des nuits à les chercher.

— Pauvre Chris... Tu veux ton agate ? Eh bien, tiens !

À ces mots, David lança la pierre derrière lui. Elle décrivit un arc de cercle et disparut par-dessus le balcon. Un coup de feu partit.

Il se jeta sur Stacy et lui passa un bras autour de la taille, mais Chris la maintenait d'une poigne d'acier.

— David !

Elle se cramponna à ses épaules.

Erik Mueller s'empara de la canne de son fils. David se prépara à encaisser le coup. Mais Mueller abattit la canne sur le dos de Chris, qui poussa un cri de surprise et de douleur, et lâcha Stacy. David l'attira contre lui.

Mofulatsi plongea sur Yaël, qui venait d'arracher le revolver des mains de Raoul. Elle tira. Raoul s'affaissa avec un rictus de douleur, la cuisse en sang.

Chris se jeta sur David et abattit une grêle de coups sur lui. Stacy fit un bond de côté, puis, quand elle vit le lion marteler le visage de David, elle s'élança sur lui, lui planta ses dents dans le bras et l'empoigna par les cheveux. Chris la repoussa d'un coup de coude.

David lui asséna un direct dans le sternum, le cloua au sol et lui enserra la gorge. Yaël décocha un coup de pied à Mofulatsi, puis, du genou, elle le frappa à l'entrejambe.

les 36 Justes

Dans un râle, le grand Noir se plia en deux. Erik Mueller fracassa sa canne sur le crâne de l'Africain.

— Traître ! croassa Chris en cherchant de l'air et en essayant vainement de desserrer les doigts de David. Bon sang... père... aide-moi !

Sans même tourner la tête, Erik porta un deuxième coup sur la tête de Mofulatsi.

Yaël pivota vers Raoul, qui haletait dans une mare de sang. Puis, ravalant sa nausée, elle se précipita dans la salle du Conseil.

Deux pierres précieuses scintillaient effectivement dans un cube de verre. L'améthyste et l'émeraude. Gad et Zébulon.

En serrant les dents, elle abattit la crosse du revolver sur le casier. Sans résultat. Elle frappa de nouveau, aussi fort qu'elle le pouvait. Elle transpirait à grosses gouttes. Le verre ne s'était même pas fissuré. Elle ferma les yeux et recommença. Dans une explosion cristalline, des éclats de verre volèrent autour d'elle.

En attrapant les pierres, elle se coupa l'avant-bras, mais la douleur était insignifiante à côté de son sentiment de triomphe.

L'améthyste et l'émeraude brillaient de tous leurs feux. Elle les glissa dans son soutien-gorge.

Erik Mueller poussa Stacy dans la salle.

— Yaël ! hurla David. Emmenez Stacy hors d'ici !

— Non, je veux rester avec toi, sanglota Stacy.

— Il faut que tu t'en ailles, petite, lui souffla Erik. Le monde a besoin de toi...

— Non ! cria-t-elle en courant vers le balcon.

Mueller la rattrapa par le bras.

– Tu ne comprends pas, tu ne peux pas rester là, c'est trop dangereux, ils veulent te tuer.

– Lâchez-la, menaça Yaël en visant la poitrine de Mueller.

Stacy posa sur elle un regard chargé de désarroi.

– Ne lui faites pas de mal, implora-t-elle. C'est lui qui m'a fait sortir de cette abominable cellule. C'est lui qui m'a montré un passage secret !

Yaël se mordit la lèvre, indécise. Quand Mueller l'avait trouvée dans l'escalier, il avait déjà tenté de la convaincre qu'il voulait sauver Stacy, qu'il s'était ravisé. Que toute sa vie, il avait été aveugle, crédule. Il s'était trompé : le monde créé par Dieu n'était pas aussi mauvais qu'on le lui avait enseigné depuis son enfance. Il avait trouvé la bonté en une femme prénommée Elizabeth. Une femme qu'il aimait. Yaël l'avait écouté d'une oreille sceptique. Erik Mueller lui avait affirmé qu'il ne désirait plus la fin du monde. Il avait un plan pour déjouer l'odieuse machination du Gnoseos. Il l'avait conduite à la salle du Conseil en feignant de l'avoir prise en otage. Puis il avait frappé son propre fils et attaqué Mofulatsi.

– Emmenez-la, Yaël ! cria David. Pars avec elle, Stacy, je vous rejoins.

Yaël saisit la fillette par le bras.

– Viens, Stacy, lui dit-elle. Viens avec moi. Tu as entendu ? David nous rejoint.

Erik les regarda s'engager dans l'escalier.

Ne devait-il pas aussi sauver son fils ?

En chancelant, Raoul se redressa, le visage livide, le bas du corps couvert de sang.

— Traître ! gronda-t-il.

Et il leva un revolver. Une balle transperça le front d'Erik Mueller, qui s'écroula en vacillant.

Tant bien que mal, Raoul retourna sur le balcon. Sa cuisse était en feu. La tête lui tournait. Il allait mourir. Il avait perdu trop de sang.

Il parvint néanmoins à se traîner jusqu'à Shepherd, entre les mains duquel le Serpent suffoquait. Ce meurtre le comblerait de joie.

Avec un sourire, il appuya sur la détente. Rien ne se produisit. Qu'un déclic.

David tourna la tête, et se baissa juste à temps pour esquiver la crosse du revolver qui siffla près de son oreille. Quatre-vingt-dix kilos de muscles ensanglantés s'abattirent sur lui. Il roula sur le côté et grimaça lorsque Raoul le frappa dans le dos.

La canne. Il l'attrapa et se remit sur pied, étonné d'y parvenir. Chaque respiration lui déchirait les poumons. Il se campa devant le tueur. Raoul plongea sur lui. Il enfonça la pointe de la canne dans sa blessure sanguinolente. L'Ange Noir recula en rugissant de douleur. L'arrière de son crâne heurta la paroi de roc déchiquetée.

Raoul ne tuerait plus personne.

David se tourna vers Chris, qui avait réussi à ramper jusqu'au bord du balcon et à se hisser contre la rambarde de pierre.

— La Juste s'est échappée ! hurla-t-il. Rattrapez-la !

David se jeta sur lui en brandissant la canne. D'un bras, Chris s'y accrocha et tenta de le faire basculer dans le vide. David lui décocha un coup de poing dans le bas-ventre, l'empoigna par la ceinture et le projeta par-dessus le balcon.

Mueller atteignit le sol avec un bruit sourd.

David s'élança dans l'escalier. Il devait retrouver l'agate. Dans le hall, il balaya le carnage du regard. Son cœur ne fit qu'un bond.

Dillon.

Il se laissa tomber à genoux auprès de son ami et lui tâta le pouls. Rien. Le corps de Dillon était froid.

Une vague de chagrin et de honte déferla sur David. Comment avait-il pu douter de son meilleur ami ? Comment pouvait-il le laisser là, maintenant ?

Il jeta un coup d'œil vers l'auditorium. En réponse aux appels de Chris, deux mille fidèles du Gnoseos sortirent en trombe.

L'agate. Retrouver l'agate.

Il se releva. Ses yeux se posèrent sur la bague de l'évêque pour laquelle Dillon avait risqué sa vie. Il la lui enleva. Et son regard tomba sur l'agate, à quelques centimètres de la manche de Dillon, irisée de mille reflets. Quand il la posa au creux de sa paume, les deux pierres du pectoral d'Aaron jetèrent des éclairs flamboyants.

David referma ses doigts ensanglantés sur les joyaux et courut vers l'escalier, vers la surface, l'air libre, la vie.

Où sont Yaël et Stacy ? se demandait-il, la poitrine transpercée d'une douleur de plus en plus fulgurante. Il n'arriverait pas en haut. Sa vision se troublait. Il laissait derrière lui une traînée écarlate. Ses jambes avaient de plus en plus de mal à le porter. Il continua cependant à gravir les marches glissantes. Au-dessus de lui, il lui semblait percevoir des voix de femmes.

Quand il arriva à l'entrepôt, il tenait à peine debout. Avi Raz vint à sa rencontre pour le soutenir. La pièce où se trouvaient les piles de caisses fourmillait d'hommes en costumes sombres, armés de pistolets et de talkies-walkies, qui s'activaient à poser des câbles et des charges d'explosif. Des secouristes portaient les prisonnières évadées vers des ambulances.

— Merci... souffla David tandis qu'Avi le conduisait vers la porte.

מד

Chapitre 44

Ébloui par la lumière du jour, David aspira goulûment l'air frais. Avi l'aida à tenir debout jusqu'à l'aire de livraison, où Yaël et Stacy attendaient à l'arrière d'un camion. Ils étaient déjà loin du 8, Angels' Passage lorsqu'une explosion retentit dans l'enfer souterrain de la ville de Londres. Loin des tunnels où les fidèles du Gnoseos furent ensevelis dans les entrailles de la terre, réduits en cendres et en fumée.

Les habitants du quartier sentirent le sol gronder, mais la Tour de Londres demeura solidement ancrée sur ses fondations, et à Buckingham la porcelaine royale vibra à peine.

Varsovie, Pologne

Tandis qu'à Londres la terre tremblait, Stanislaw Nowicki monta les marches de la *bimah* de sa petite synagogue. En se drapant pour la première fois dans son *talit*, son châle de prière, il récita la bénédiction de circonstance et prit une profonde inspiration. Le rabbin lui indiqua le début du passage de la Torah qu'ils avaient préparé ensemble pour sa bar-mitsva.

Et pendant que l'adolescent lisait d'une voix claire devant l'assemblée, les eaux de la Tamise s'apaisèrent.

Copenhague, Danemark

Lise Kolinka se pencha vers son gâteau d'anniversaire et ferma les yeux pour faire un vœu. En Arizona, il se mit à pleuvoir. Quand elle souffla ses treize bougies, une averse torrentielle s'abattit sur le sud-est des États-Unis, éteignant les incendies et lavant la terre brûlée.

Chicago, États-Unis

Tous les samedis, Keisha Jones allait prêter main-forte à sa tante Doris, qui organisait la soupe populaire de Stony Island. Ce samedi-là, en chemin, l'adolescente avait trouvé quelques pièces de monnaie dans la rue. Quand elle les tendit à Mme Wallace, et que celle-ci lui dit qu'il y avait de quoi acheter des œufs et du pain pour plusieurs jours pour une famille entière, un frisson de bonheur la parcourut. La semaine suivante, décida-t-elle, elle ferait don de la moitié de sa paie de baby-sitter.

Au large du Japon, un raz-de-marée qui enflait sous l'océan s'apaisa telle une casserole d'eau bouillante que l'on retire du feu.

Shanghai, Chine populaire

Chen Ho lisait le journal à son grand-père. Il devait lui répéter les choses plusieurs fois, car le vieil homme n'était pas seulement aveugle, il n'entendait pas bien. Mais Chen était patient. Ses devoirs pouvaient attendre. La vie n'avait pas été tendre avec le père de sa mère, et son seul plaisir consistait à prendre des nouvelles du monde en sirotant un verre de bière grâce à son petit-fils.

Chen tourna la page et s'aperçut que son grand-père s'était assoupi. Il replia le journal.

En Turquie, les sauveteurs poussèrent un cri de joie en découvrant douze enfants miraculés sous les décombres d'une école.

À Masiaka, en Sierra Leone, à Luvena, en Russie, à Tokay, en Hongrie, et dans vingt-huit villes et villages à travers le monde, un à un, une nouvelle génération de Justes atteignait sa majorité spirituelle.

Le cœur pur, l'âme emplie de bonté et de compassion, ils ne sauraient jamais qu'ils étaient les piliers du monde.

Épilogue

Un mois plus tard, en Israël, au bord du lac de Tibériade

David cherchait Yaël du regard parmi les touristes qui flânaient sur la promenade bordée de palmiers. Quand il l'aperçut, en corsaire jaune et T-shirt noir, il faillit ne pas la reconnaître, tant l'image de la jeune femme grave qu'il avait rencontrée dans le bureau de rabbi ben Moshé était restée gravée dans son esprit. L'agate était à Jérusalem, à présent, aux côtés de l'ambre et des autres joyaux du pectoral d'Aaron.

L'université de Georgetown lui avait accordé un congé exceptionnel. Il était encore sous le choc de la mort de Dillon, Hutch et Eva. Ses côtes le faisaient toujours souffrir, mais il n'était pas inquiet : ses blessures ne seraient bientôt plus qu'un souvenir. L'important était que Stacy se remette le plus vite possible.

Curieusement, elle n'avait guère posé de questions quant aux causes de son enlèvement. Elle avait recouvré sa joie de vivre malgré les épreuves qu'elle avait traversées. Oui, se dit David, les Justes ne savent pas qu'ils le sont...

Sourire aux lèvres, Yaël se tenait devant un stand de falafels. Ses boucles d'argent scintillaient entre ses cheveux cuivrés et un collier de perles multicolores luisait sur son tee-shirt noir. Elle se haussa sur la pointe des pieds afin de lui déposer un baiser sur les lèvres.

— J'ai loué un bateau de pêche, annonça-t-elle gaiement. Nous l'avons pour tout l'après-midi.

Une heure plus tard, ils voguaient sur la petite embarcation de bois bleu, loin du bruit et de l'agitation. Le lac était calme, scintillant sous le soleil au pied de la ville de Tibériade, l'une des quatre villes saintes d'Israël, comme Safed.

Le lac de Tibériade, la Kinnereth, la mer de Galilée. C'était là que Jésus avait choisi ses apôtres.

Quand ils se furent suffisamment éloignés de la rive, David posa ses rames, fouilla dans son sac et prit son journal entre ses mains. Il lui accorda un dernier regard, puis le jeta par-dessus bord. Le cahier rouge flotta quelques secondes sur les eaux miroitantes, puis il disparut dans les profondeurs du lac.

Les Trente-Six Justes – Légende ou réalité ?

Les Trente-Six Justes

Dans le Talmud (Traité *Sanhédrin*, p. 97B), rabbi Abbayé affirme qu'à chaque génération « le monde repose sur Trente-Six Justes bénis par la présence divine ». Ce passage illustre d'ailleurs la couverture du livre.

Ces Justes sont surnommés les Lamed Vav (ל"ו), en référence aux deux lettres hébraïques équivalant au nombre 36. Selon de multiples traditions, Dieu perpétue le monde grâce aux mérites de ces êtres d'exception. Des légendes juives les évoquent, venant accomplir une mission ponctuelle dans une communauté puis se retirant discrètement, sans attendre ni louanges ni remerciements.

Nul ne connaît leur identité, même si de nombreux

sages comptent Jésus, Mahomet et Bouddha parmi les Justes.

Les chrétiens, les soufis, les bouddhistes et les hindouistes croient eux aussi en l'existence de Saints Cachés qui se distinguent par leur bonté et leur humilité profondes.

Le *Livre des noms*

Le *Livre des noms* est mentionné dans le *Zohar*, l'ouvrage majeur de la Kabbale. Selon les mystiques, ce livre contient les noms de tous les humains qui peupleront le monde. Adam l'aurait reçu directement de Dieu dans le jardin d'Éden, puis transmis à son troisième fils Seth, qui à son tour le légua à ses enfants... et ainsi de suite.

Le *Zohar* rapporte aussi l'histoire de rabbi Abba et rabbi Yéhouda, qui découvrirent par hasard, dans une grotte près de la mer Morte, le *Livre des noms*. Les deux sages en lurent une page : des flammes jaillirent aussitôt tout autour d'eux. Ils parcoururent la deuxième page, et la terre et les cieux s'estompèrent. Quand ils tournèrent la troisième page, l'ange Raziel, Gardien des mystères, leur apparut et s'empara du *Livre* pour le soustraire à l'humanité.

D'après le kabbaliste Daniel Hale Feldman, le patriarche Abraham a légué le *Livre des noms* à ses deux fils Ismaël et Isaac. L'exemplaire d'Isaac a été transmis à Moïse, puis déposé au Temple de Jérusalem, dans une chambre forte dont on ignore l'emplacement. On ignore également ce qu'il serait advenu de l'exemplaire conservé par la descendance d'Ismaël.

Les gnostiques

Le gnosticisme est un courant religieux apparu au cours des trois premiers siècles de notre ère. Le mot grec *gnôstikos* désigne celui qui détient la gnose (*gnôsis*), la connaissance.

Les premiers gnostiques pensaient que le monde était mauvais et rejetaient l'enveloppe charnelle, qui emprisonne l'âme et l'empêche de communier avec Dieu. Il est fait mention de ce refus du corps dans les manuscrits de la mer Morte.

La secte étant déclarée hérétique par l'Église, ses adeptes se transmirent leurs enseignements dans la plus grande discrétion. Les initiés s'identifiaient par des mots de passe et des poignées de main secrètes. Ils portaient des talismans, des pierres précieuses ornées de serpents ou autres symboles occultes. Ces pierres étaient gravées de lettres grecques.

L'un des talismans favoris des gnostiques était la pierre d'Abrasax, mot magique similaire à « *abracadabra* ». En 1945, en Haute-Égypte, des archéologues ont découvert les papyrus de Nag Hammadi, une série de treize manuscrits gnostiques, parmi lesquels *Le Livre secret de Jacques* et *L'Évangile de vérité*.

La Kabbale

Le terme de Kabbale, de l'hébreu *Qabbalah* (tradition reçue), désigne la mystique juive.

Les enseignements des mystères de la Torah ont été transmis oralement jusqu'au XIIIe siècle. Puis ils ont été rassemblés dans un ouvrage fondamental, le *Zohar* ou *Livre de la Splendeur*, écrit en araméen et en hébreu. Il analyse le concept mystique des dix séfirot, les dix émanations du Créateur qui constituent l'Arbre de vie. Les kabbalistes aspirent à s'élever dans l'Arbre de vie afin de découvrir la sagesse cachée, de mieux connaître le divin et de s'en rapprocher.

La Kabbale est si complexe que, selon la tradition juive, son approche est réservée aux hommes de plus de quarante ans, mariés, pères de famille, et possédant déjà une connaissance approfondie de la Torah. Une vieille croyance veut que quiconque ne répondant pas à ces critères, et étudiant malgré tout la Kabbale, sombre dans la folie.

Selon Éliphas Lévi, une figure majeure de l'occultisme français du XIXe siècle, le tarot s'enracine dans la Kabbale. Les dix séfirot de l'Arbre de vie de la Kabbale correspondraient aux dix cartes de l'arcane mineur du tarot ; les vingt-deux chemins reliant les dix séfirot correspondraient aux vingt-deux lettres de l'alphabet hébraïque ainsi qu'aux vingt-deux lames de l'arcane majeur du tarot.

Le pectoral du grand prêtre

Selon l'Ancien Testament (Exode 28 : 15-30), Aaron, frère de Moïse et premier grand prêtre d'Israël, revêtait un pectoral magique pour pénétrer dans le Saint des Saints.

La Bible décrit précisément ce pectoral, tissé de fils d'or et de pourpre, serti de quatre rangées de pierres précieuses composée chacune de trois pierres, enchâssées dans des montures d'or. Ces douze pierres, de couleur différente et dotées d'un pouvoir spécifique, correspondent aux douze tribus d'Israël. Réunies sur le pectoral, elles possédaient le pouvoir mystique d'invoquer la miséricorde divine.

Safed

Safed, l'une des quatre villes saintes d'Israël (avec Jérusalem, Tibériade et Hébron), est le haut lieu du mysticisme juif. À près de mille mètres d'altitude, elle attire depuis le XVIe siècle les grands maîtres de l'enseignement kabbalistique.

La ville est aujourd'hui un labyrinthe d'étroites ruelles pavées, bordées de galeries d'art et de synagogues anciennes. Nombre de mystiques célèbres y reposent dans un cimetière à flanc de colline.

La guématria (ou gématrie)

La guématria, du grec *geometria*, est une méthode numérologique s'appliquant à dévoiler les secrets du Pentateuque. Chacune des vingt-deux lettres de l'alphabet hébraïque est ainsi associée à une valeur numérique : la première lettre, *aleph*, correspond au chiffre 1, la deuxième, *beth*, au 2, etc.

La guématria a grandement influencé les mystiques, mais aussi la vie courante des juifs pratiquants. Par exemple, le mot hébreu *h'aï* (vie) équivalant au nombre 18, les Juifs offrent souvent une somme multiple de 18 quand ils font des dons à la synagogue.

Aujourd'hui, des informaticiens tentent de décrypter les codes qui seraient cachés dans la Torah, au moyen de logiciels sophistiqués.

*Composition PCA
44400 – Rezé*

Impression réalisée sur CAMERON par

C P I
Brodard & Taupin
La Flèche

*pour le compte des Éditions Michel Lafon
en février 2007*

Imprimé en France
Dépôt légal : mars 2007
N° d'impression : 40281
ISBN : 978-2-7499-0614-0
LAF 845